대통령과 쇠똥소령

새마을 발상지의 진실

목 차

부록   언론에서 바라본 운은 홍영기 선생 _ 245

화보 _ 280

．
．
．
．
．

모범부락을 언급하는 부분에서 박 대통령은 '경산'과 '청도'라고 했을 뿐
'신도 1리'라는 지역을 특정하는 부분은 찾아볼 수 없다.
박 대통령의 유시 내용에서 밝힌 '청도'가 신도마을뿐이겠는가.

．
．
．
．
．

발간사

새마을운동의 역사
무엇이 왜곡이고 거짓인가

홍택정(문명 중·고등학교 이사장)

"우리가 물이라면 새암이 있고, 우리가 나무라면 뿌리가 있다." 이제는 기념식도, 노랫말과 가락도 까맣게 잊어버린 지 오래된 개천절 노랫말이다. 이와 같이 모든 일에는 새암과 뿌리, 즉 연유가 있게 마련이다.

박정희 대통령의 새마을운동은 누구도 부인할 수 없는 한국사회의 대변혁이었다. 이러한 새마을운동의 성과에 대한 연구나 논문은 많지만, 정작 새마을운동이 구체적으로 어떻게 시작되었는지에 대한 역사적 연구는 거의 없다. 씨 뿌리지 않고, 김매지도 않은 사람들이 그 열매만을 두고 서로가 자랑을 늘어놓으며 심지어 새마을운동의 발상지까지 왜곡한 지 오래다. 역사가 없다는 것, 역사가 왜곡되었다는 것은 그 성과가 아무리 크다해도 성과 자체를 훼손하는 것이기도 하다. 그래서 사실에 근거한 정확한 역사는 그 업적을 더욱 빛나게 한다.

　　모 지역이 새마을 발상지라는 주장이 어느덧 사실로 굳어져 각
종 출판물과 언론과 방송에까지 보도되어 사실로 자리 잡고 있어
새마을운동을 연구하게 될 후학들의 지침서가 될 것을 우려하여
감히 이 책을 발간하게 되었다. 지금부터 왜곡의 예를 열거해 보
겠다.

< 왜곡사례 1 >

행정간행물 등록번호:75-5190000-000041-01 『새마을운동 42년 발자취』
발행일 2012년 4월
발행처 청도군
발행인 청도군수 이중근

1969년 8월 3일 경남 수해지역을 시찰하기 위해 전용열차 타고
부산방면으로 가면서 청도 신도마을 주민들이 마을 안길과 제방
을 복구하는 모습을 차창 너머로 보고 열차를 신거역에 정차시키
고 깨끗하게 잘 단장되어 있는 신도마을을 둘러보고 마을 주민들
에게 박정희 대통령은 경위를 물었는데 대답은 "기왕 마을을 복
구할 바에야 좀 더 잘 가꾸어 살기 좋은 마을을 만들어 보자고 마
을 총회에서 결의하여 마을 주민들이 자발적으로 협동하여 공사
를 했다"

< 왜곡사례 2 >

행정간행물 등록번호75-5190000-000061-01
『청도 사람들의 새마을운동』
발행일 2019년 5월 31일 초판 발행
발행처 청도군 새마을과
발행인 청도군수 이승률

그때였다. 청도군 청도읍 신도리를 지날 무렵이었다.
"임자, 잠깐 기차세워!"
"예?"
수행원은 갑작스러운 대통령의 말에 당황한 기색이 역력했다.
"내가 뭐 좀 봐야겠어. 뒤쪽으로 후진시켜"
박정희 대통령은 거침 없었다. 멈춘 기차는 서서히 뒤로 움직였다.
"여기가 어디야?"
"청도군 신도리라는 곳입니다."
기차가 멈춰선 곳은 경북 청도의 한 작은마을 신도리였다. 경부선
철로변에 위치한 전형적인 농촌 마을이었다. 하지만 박 대통령이
본 신도리는 달랐다. 남녀노소 할 것 없이 힘을 모아 제방복구와
마을 안길을 보수하고 있었다. 그 모습을 박정희 대통령이 우연히
차창 너머로 본 것이다.
"신도리? 임자, 지금 마을로 들어가 봐. 어떻게 마을을 이렇게 가꿨
는지 주민들에게 물어봐."
마을로 들어선 수행원은 자신의 눈을 의심했다. 변변한 길조차 없는
다른 농촌과는 확연히 달랐다.

<왜곡사례 3>

<왜곡사례 3>
『새마을운동의 역사와 세계화』
발행일 2016년 1월
발행처 밝은사람들
발행인 안윤식

● 1969년 7월 경남북지방 일원은 막대한 수해를 입었다. 하여 박 대통령이 1969년 8월 3일, 수해가 유독 극심한 경남지역을 시찰하기 위해 전용열차를 타고 부산방면으로 가던 중이었다. 문득 차창 너머로 경북 청도군 청도읍 신도마을 주민들이 남녀노소 모두 나와 제방복구와 마을 안길을 보수하는 모습을 보게 되었다. 대통령은 열차를 신도역에 정차시키고, 깨끗하게 잘 단장되어 있는 신도마을을 둘러보았다. 그리고 마을 주민들에게 그 경위를 물어보았다.
여기서 박 대통령은 "기왕 수해로 쓰러진 마을을 복구할 바에야 좀 더 잘 가꾸어 살기좋은 마을을 만들어 보자고 마을 총회에서 결의하여 마을 주민들이 자발적으로 협동하여 공사를 하고 있다"는 이야기를 듣고 큰 감동을 받았다.

－『새마을 가꾸기 사업의 발상』 p. 90.

● 1969년 8월 수해현장을 둘러보기 위해 열차로 부산 방면으로 내려가던 박 대통령은 창밖으로 마을 사람들의 수해복구 현장을 보고 감탄해 청도 신거역에 기차를 세우게 하고 내렸다.

－『청도 새마을운동 발상지 기념관』 p. 101.

▲ 1969년 8월 3일 대통령이 직접 방문했다는 주장을 뒷받침하기 위해 만든 합성 사진(좌, 우). 내릴 때(우)와 환담 시(좌)의 옷이 다르다. 대통령은 어디서 옷을 갈아 입었을까? ⓒ 손복수 作

    <왜곡사례 1>부터 <왜곡사례 3>까지 살펴본 대통령의 행적은 일치하지 않는다. 지방 순시를 위해 신거역을 지나던 대통령 전용 열차가 신거역에 ①정차했다. 또는 ②정차 후 후진했다. 그리고 ③박대통령이 수행원으로 하여금 상황을 파악하도록 했다. ④박대통령이 직접 내려 마을 주민들과 환담했다는 등 다양한 주장이 나오고 있다. 도대체 그 날의 대통령은 몇이나 된다는 말인가?

    이러한 왜곡의 역사는 2006년 2월 10일 도서출판 한울에서 발행한 이의근의 『목민실서(牧民實書) 히말라야시다의 證言을 들으리라』 66쪽 다섯째 줄과 김정렴 당시 상공부 장관의 저서 『최빈국에서 선진국 문턱까지』 223쪽 두 번째 줄의 서술에서부터 비롯되었다.

● 1969년 7월 경남·북 일원은 혹심한 수해를 입었다. 이 해 8월 4일 박대통령은 경남·북 수해지구를 시찰하던 중 경북 청도군 청도읍 신도 1리를 돌아보았는데, 이 마을은 다른 마을과 달리 수해복구뿐 아니라 마을 안길이 넓혀져 있었고 지붕이 개량되어 있었으며 담장 역시 말끔히 다듬어져 있는 등 생활환경이 크게 개선돼 있었다. 이것을 본 박대통령은 그 경위를 물었다. 대답은 "마을사람들이 기왕 수해로 쓰러진 마을을 복구하는 기회에 환경을 좀 더 잘 가꾸어 깨끗하고 살기 좋은 마을로 만들어 보자고 마을총회에서 결의했고, 이에 따라 정부의 지원 이상으로 마을주민이 자진해 협동으로 이루었다"라는 것이다. 마을사람들의 자발적인 자조정신과 협동심에 큰 감동을 받고 귀경한 박 대통령의 머릿속에는 농민들의 근면·자조·협동정신을 일깨워 농촌을 개발해 보려는 새로운 구상이 자리 잡혀 갔다. 다음해인 1970년 4월 22일 한 해 대책의 전국지방장관회의가 개최된 석상에서 박대통령은 농민의 자조 노력을 강하게 호소하고 청도읍 신도 1리 마을을 예로 들면서 새마을운동의 구상을 피력했다.

-김정렴 『최빈국에서 선진국 문턱까지』에서

● 1969년 8월 어느 날, 박정희 대통령이 경상남도 수해복구 현장을 시찰하기 위해 기차를 타고 부산으로 가던 중 철로 변에 위치한 이 마을에 매료되어 잠시 내린 적이 있었다. 박 대통령은 마을의 안길과 하천, 뒷산 등 마을 전체가 잘 가꾸어져 있는 것을 보고 깊은 인상을 받게 된다. 이듬해인 1970년 4월 22일에 열린 지방장

> 관 회의에서 이 마을(지금의 신도리)을 소개하면서, 역사적인 '잘
> 살기 운동'의 방향성을 제시했다. '새마을운동'이 막을 올리는 순
> 간이었다.
>
> ―이의근 『목민실서(牧民實書) 히말라야시다의 證言을 들으리라』에서

김정렴(당시 상공부 장관)과 이의근(당시 내무부 근무)의 서술과 달
리 1970년 4월 22일 한해대책회의에서 박대통령은 신도 1리를 새
마을운동의 우수사례로 언급한 바가 없다. 당시 지방 장관 회의에
서 박 대통령의 유시 내용은 다음과 같다.

> "모범적인 부락도 여러 군데 있는데 특히 경산, 청도 같은 데를 한
> 번 보십시오. 그리고 천안, 대전 부근에 있는 뻘건 농촌하고 비교
> 를 해 보십시오. 같은 농촌인데 왜 이렇게 달라지겠습니까."
>
> ―지방 장관회의(한해 대책 회의) 유시 중 일부 발췌, 1970.4.22.

모범부락을 언급하는 부분에서 박 대통령은 '경산'과 '청도'라
고 했을 뿐 '신도 1리'라는 지역을 특정하는 부분은 찾아볼 수 없
다. 박 대통령의 유시 내용에서 밝힌 '청도'가 신도마을 뿐이겠는
가. 연설문이 발표된 시점으로부터 2년 전인, 1968년에 5·16민족
상을 수상한 새마을지도자 홍영기가 일구어낸 방음동 '살고파 마
을'도 청도이다. 그는 이미 새마을운동의 3대 핵심요소인 '생활의

합리화', '영농의 근대화', '농가 소득증대' 등 3대 목표를 실천했으며 그 공로는 상패에 기록되어 있다.

그런데도 위 두 사람은 대통령이 언급한 '청도'를 신도마을로 특정하고 훗날 청도군은 위 두 인물의 서술을 인용한 것으로 생각된다. 불분명한 해석이 곧 사실인 것처럼 사용되고 있는 것이다.

2020년 12월 17일, TV조선에서 방영한 <새벽종의 기적, 잠든 농촌을 깨우다>라는 프로그램에서 청도 신도마을 이장은 아래와 같은 인터뷰를 한다.

<왜곡사례 4>
"여기에 수해가 났기 때문에 (마을주민들이) 남녀노소 다 나와서 함께 일하고 있는 것을 대통령이 지나가다가 보시고 (마을의) 지붕들도 깨끗하게 돼 있고 하니 '이 (수해복구) 일을 관공서에서 시키지도 않았는데 어떻게 일을 이렇게 하느냐'라고 <u>열차를 세워서 (마을 주민들과) 만났던 것이 새마을운동의 시작이라고 보는 것입니다.</u>"

- 김○○, 청도 신도마을 이장

이 역시 새마을 역사를 공공연히 왜곡하는 행위다. 이 얼마나 엄청난 왜곡의 결과인가? 후학들은 이렇게 왜곡된 새마을의 역사를 사실로 믿게 될 것이다.

대통령은 지방순시를 할 때면 통상 청와대 공보실 사진기자들과 청와대를 출입하는 여러 언론사 기자들이 수행한다. 그리고 청와대의 '대통령 비서실 동정 일지'에 그날의 행적이 낱낱이 기록된다. 그러나 그날 대통령의 신도마을 방문에 대한 기록은 어디에 찾아봐도 존재하지 않는다. 만약 그날 박 대통령의 신도마을 방문이 사실이라면 수행한 사진기자들이 여러 컷의 사진들을 찍었을 것이 분명한데 사진 한 장도 없고, 겨우 합성사진만 존재한다면 이 또한 역사를 왜곡하고 있다는 명백한 반증이 아닐까?

그리고 신거역은 상하행선만이 다니는 간이역이다. 만약 대통령이 기차를 세우고 후진을 시키고, 열차에서 대통령이 내려 마을을 둘러보고 주민들과 환담했다면, 장시간 소요되어 다음 열차의 안전문제로 이는 불가능한 이야기다. 또한 현재 신도리에 재현되어 있는 전용열차는 디젤기관차로 전용칸과 기관차 사이가 차단되어 있다. 승용차도 아닌데 무슨 수로 기관사에게 기차를 세우라고 하며, 후진 운운하는지 상식적으로 이해할 수 없다. 도대체 왜곡의 목적이 무엇인지 궁금하다. 이러한 새마을 역사와 발상지의 왜곡이 마치 사실인 양 믿고 있는 학자나 후학들을 위해서라도 반드시 밝혀두어야 한다.

누가 어떻게 대통령의 생각을 꿰뚫어 알 수 있단 말인가? 청도
군은 지금이라도 왜곡된 새마을 발상지에 대해 정정을 해야 한다.
막대한 예산으로 책을 발간하고, 발상지를 만든다고 해서 역사의
진실이 달라지지 않는다. 오히려 근거 없는 왜곡이 또 다른 왜곡
으로 변질되어 숭고한 새마을의 정신을 훼손하고 있는 것이다.

▲ 청와대 집무실에 걸려있는 사진은 1972년 3월 24일 청도군 운문면 방음동을
  직접 시찰하시던 사진을 유화로 다시 그린 것. 대통령이 당시 방음동 방문을 매
  우 인상깊어했음을 확인할 수 있는 대목이다.

ⓒ 박정희대통령기념관

박정희대통령 집무실을
재현한 모습(위,아래).
ⓒ 박정희대통령기념관

1장

새마을운동의
가치

·
·
·
·
·

스스로 할 수 있다는 자신감과 함께 서로 돕는 협동 정신으로
자신들의 길을 개척해 나갈 수 있는 정신을 가르쳐 주는 것이
새마을정신을 바로 심어주는 것이다.

·
·
·
·
·

새마을운동 발상지 논란
박정희의 창조물인가? 진화물인가?

정주진(연세대 국가관리연구원 연구교수)

새마을운동의 기원에 대해서는 다양한 주장이 있다. 많은 주장들은 크게 창조론적 관점과 진화론적 관점으로 나눌 수 있다. 창조론은 새마을운동이 오로지 박정희 전 대통령의 창안물이라고 주장한다.

이에 비해 진화론은 새마을운동은 그 이전 일제시대 농촌계몽운동, 해방 후 4H운동, 1950년대 후반 도입된 지역사회개발운동 등이 축적되어 일어난 운동이라고 본다.

창조론적 관점에서 보는 대표적인 인물은 김정렴 전 대통령 비서 실장이다. 김정렴은 "새마을운동은 순전히 박 대통령의 개인적 구상에서 시작되었다. 무슨 사업을 어떠한 방법으로 추진할 것이며 새마을 지도자는 어떠한 방식으로 양성해야 한다는 것까지 거의 모두가 박 대통령의 개인 구상에서 나왔고 직접 지휘하다시

피 했다"고 주장한다.[01] 박정희 전 대통령(이하 '박정희'로 표기) 재임 시 청와대 사회문화 담당 비서관을 지냈던 김종신도 "대통령 멘토 모임이었던 '근대화 문제 연구회'에서 1968년 4월 '농촌개혁의 용군'을 만들자고 제안했는데 이것이 새마을운동의 출발"이라고 주장하고 있다.[02]

창조론적 관점에서는 1970년 4월 22일 한해(旱害)대책회의에서 박정희가 '새마을 가꾸기 운동'을 주창한 것을 시발로 보고 있다. 정부가 2011년 5월 「새마을운동 조직육성법」을 개정하여 4월 22일을 국가 기념일로 지정함으로써 이 날이 발생일로 제도화됐다.

그러나 특정한 날짜를 발생일로 단정하는 데는 비과학적 측면이 있다. 어느 날 갑자기 특정인의 제안으로 우연히 시작되었다고 간주하는 데는 비합리적 요인이 있다. 박정희의 '잘 살아보자'는 구호는 5·16 직후부터 끊임없이 반복되어온 내용이었다.

창조론적 관점에 따를 경우 발상지 시비도 해소되지 않는다. 경북 청도군은 "박정희가 1969년 8월 청도군 청도읍 신도 1리 수해복구 현장을 둘러보고 새마을운동의 영감을 얻었다"며 신도리

---

01) 김정렴, 『한국경제정책30년사』(서울:중앙일보사, 1991), p. 202.
02) 배진영, "'초기 박정희의 관찰자' 김종신 전 대통령 비서관(하)", 「월간조선」 2013년 4월호, p. 337.

가 곧 새마을운동의 발상지라고 주장하고 있다. 여기에 대해 포항시는 박정희가 1971년 9월 포항시 기계면 문성리를 방문한 다음 "전국의 시장·군수는 문성동과 같은 새마을을 만들어라"라고 지시한 것을 근거로 기계면 문성리(당시 행정명칭은 '문성동')를 발상지라고 주장하고 있다. 이밖에 새마을운동의 발상지는 경남 동래군 기장면 만화리(현 부산시 기장 군 기장읍 만화동),[03] 전북 김제군 용지면 '보고 가는 마을'[04]이라는 새로운 견해들도 제기되고 있다. 이처럼 서로 특정지역에서 새마을운동이 시작되었다는 입장을 보이고 있는 것이다.

　창조론적 관점과는 반대로 진화론적 관점에서 새마을운동을 보는 시각도 있다. 새마을운동 발생 시기 국무총리를 역임한 김종필, 5·16을 기획했던 이석제 전 감사원장 등은 새마을운동이 점진적으로 진화해왔다는 입장을 보이고 있다.[05] 이들은 그 시작을 5·16 직후 시작된 재건국민운동으로 보고 있다. 재건국민운동이 새마을운동으로 발전했다는 것이다.[06] 내무부 초대 새마을 담당

---

03) 이청수 전 서울시의회 전문위원 인터뷰, 오상도, "부산 기장, 경북 청도보다 10년 앞서", 「서울신문」 2009년 5월 6일자, 23면 참조.
04) 장경순, 『장경순 회고록:나는 아직도 멈출 수 없다』(서울: 오늘, 2007), pp. 210~211.
05) 5·16 군사정변에 대해서는 '쿠데타'인가 아니면 '혁명'인가 하는 논란이 끊이지 않고 있고 그에 대한 올바른 정의는 정치학, 헌법학 등의 중요한 연구과제이다. 여기서는 가치중립적인 시각에서 '정변'으로 통일해 기술하기로 한다.
06) 김종필, "50년 맞은 5·16<상>.…JP, 그날을 말하다", 「조선일보」 2011년 5월

관을 역임했던 고건도 새마을운동은 어느 한 삶이 고안한 운동이
아니며 발상지도 특정한 지역, 한 곳이 아니라는 입장을 보이고
있다.[07] 박정희 자신도 새마을운동은 한국의 농촌을 부흥시켜 보
려는 그의 세 번째 시도였다고 박진환 전 청와대 특보에게 고백한
적이 있다. 박정희는 "첫 번째와 두 번째는 성공하지 못했으나 이
번의 세 번째는 그런대로 성공했다"고 박진환에게 말했다.[08]

　　진화론적 관점에서 새마을운동의 기원에 접근하는 또 다른 시
각들도 나타나고 있다. '새마을운동은 1960년대 양찬우 전 경남
도지사가 경남 동래군 일대에서 벌인 농촌운동이 모태'라는 주장
[09]이 있는가 하면 '일제시대 농촌진흥운동이 기원'이라는 설[10]도
있다. 이와 같이 새마을운동이 발생한 배경에 대한 사실이 명확하
지 않은 이유는 박정희에 대한 사후 평가와 깊은 관련이 있다. 박

---

　　12 일자, A5면; 이석제, 『각하, 우리 혁명합시다』(서울:서적포,1995), p. 81.
07) 고건, "고건의 공인 50년 '국정은 소통이더라':새마을운동 오해와 진실②", 「중
　　앙일보」 2013년 4월 12일자, 31면.
08) 박진환, 『새마을운동: 한국 근대화의 원동력』, 김성진, 『박정희 시대: 그것은 우
　　리에게 무엇이었는가』(서울:조선일보사 출판국, 1994), p. 204: 박진환은 박
　　정희에게 첫 번째와 두 번째가 무엇이었느냐고 물어보지 못했으나 첫 번째는
　　1961년 5·16 정변 직후 추진한 재건국민운동이고 두 번째는 1968년 실시한
　　농어민 소득증대 특별사업일 것이라고 추정했다.
09) 이청수 전 서울시의회 전문위원 인터뷰, 앞의 신문기사, 「서울신문」 2009년 5
　　월 6일자, 23면.
10) 김영미, 『그들의 새마을운동』(서울:푸른역사,2011), pp. 230~239; 산케이 구로
　　다, "새마을운동의 원조는 일본", 「JPNEWS」, 2013년 2월 16일자.

정희를 지지하는 인물들은 새마을운동의 성공적 측면을 박정희
의 공으로 돌리는데 노력해왔다.[11]

　반면, 박정희에 비판적인 인물들은 유신체제를 구축하는 수단
으로 새마을운동이 시작됐다는 논지를 증빙하기 위해 새마을운
동의 발생시점을 유신이 선포된 1972년 10월 17일과 가급적 가깝
게 연결시키는데 많은 노력을 기울여왔다. 이와 같은 박정희에 대
한 상반된 인식의 결과 새마을운동이 일어나는 과정과 국제적 요
인, 안보적 요인, 사회경제적 요인을 과학적으로 규명하려는 노력
이 부진했다.
　새마을운동 발생의 모호성은 냉전이라는 그 당시 국제정치의
특성에도 상당한 원인이 있다. 냉전 시기에는 많은 정책이 '비밀
우선 주의'를 정책기준으로 삼고 있었다. 공산진영과 자유진영으
로 나누어진 세계구도 속에서 진영간 결속을 강화하고, 상대측 비
밀을 수집하고, 이를 차단하는 과정이 일상적이었다. 그에 따라
양 진영 모두 중요정책을 비밀리에 추진하는 것이 필요했다. 냉
전의 최일선에 놓여 있던 한국으로서는 이러한 정책추진 방식이

---

11) 박정희 재임 시 충남 당진의 어느 새마을지도자가 새마을운동은 심훈이 『상록
　수』를 저술한 곳인 충남 당진에서 시작된 것이라고 언급한 후 '관계기관'에 불
　려가 조사를 받았다는 사실은 새마을운동에 대한 평가가 그 당시 자유롭지 못
　했다는 것을 보여주는 사례다. 박진도, 한도현, "새마을운동과 유신체제- 박정
　희 정권의 농촌 새마을운동을 중심으로-", 「역사비평」 통권 47호, 역사문제연
　구소, p. 66.

더 권장됐다. 그 결과 당시 집행된 많은 정책이 비밀로 남겨져 있다. 박정희가 1970년 4월 새마을 가꾸기 운동을 제안할 때 향토예비군이 그 주도적 역할을 담당해 주도록 당부하고 새마을 노래의 '싸우면서 일하고 일하면서 싸워서 새 조국을 만드세'라는 구절은 그 시기의 냉전적 영향을 잘 반 영하고 있다.

박정희가 민선 대통령으로 당선된 직후부터 집권 마지막 날까지 16년 동안(1964. 1. 2.~1979. 10. 26.) 청와대에서 만난 인물을 기록한 청와대 접견일지가 남아있다. 거기에는 장기간 총리를 역임한 정일권(990회)에 이어 김형욱 중앙정보부장(900회)이 두 번째, 김종필(729회)이 세 번째 순으로 집계되고 있다.[12] 그만큼 비밀정보기관인 중앙정보부가 그 당시 국정에 미치는 영향이 컸던 것이다. 1970년 1월 초 정일권이 박정희를 만났을 때 표지에 '새마을 사업계획'이라고 적힌 노트를 자신에게 보여줬다는 증언[13]은 박정희가 '새마을 가꾸기 운동'을 공개적으로 거론하기 이전 대통령 비서실 혹은 중앙정보부 같은 권력 핵심에서 사전에 그 운동을 비밀리 검토하고 있었을 가능성을 추측케 하고 있다.

---

12) 이창원, 서철인. 2008, "박정희 16년의 궤적: 권력 강해질수록 면담횟수 줄었다", 「월간조선」 29권 2호 통권 335호, p. 63.
13) 정일권, 『정일권 회고록』(서울:고려서적, 1996), p. 497.

새마을운동의 기원

좌승희(박정희대통령기념재단 이사장)

새마을운동의 창시자는 박정희 대통령

새마을운동의 역사에 대한 기술은 기원에 대한 추적으로부터 시작하는 것이 옳다고 생각한다. 한국의 새마을운동은 어디에서 시작했는가? 국내의 주요 정책을 추진함에 있어 주로 우리보다 앞선 해외 경험이나 선례연구에 의존해온 국내 학계의 관행 때문인지 '새마을운동도 아마 어디 해외에서 기원하지 않았을까'라는 의문을 갖는 경우가 많았지만 새마을운동의 기원에 대한 깊은 연구는 아직 없었다.

그런데 최근 박정희 대통령 앞에서 5·16 초기부터 한국 농촌 근대화 작업을 보좌했던 고병우 전 청와대 경제비서관(추후 김영삼 정부 건설부 장관)의 회고록을 통해 '새마을운동의 기원'에 대한 중요한 증언을 하였다. 그는 새마을운동 출발 이전 10여 년간 추진했던 농특사업 등 각종 농촌 소득증대 사업이 새마을운동 출발의 연속선상에 있으며, 새마을운동은 어느 외국 사례를 벤치마킹한 것이 아니라 박정희 대통령이 손수 10년 가까운 기간 동안 농어민 소득 증대 사업 추진 등 농촌 근대화 노력과 경험을 통해 얻은 살아있는 지식의 집적된 결과라고 증언하고 있다.

박정희 대통령은 이런 산 경험을 통해, 농민의 자조정신과 자발적인 참여를 유도하려면;
- 의식 개혁은 물론 금전적 인센티브가 중요하다는 사실을 인식하고 직접적인 수익 사업을 우선적으로 추진해야 하며,
- 사업에 농가의 직접적인 자본 및 인력 참여를 적극 장려하여 사업의 오너십 확보를 통해 주인의식을 심어주어야 하며,
- 정부의 지원을 성과에 따라 차등 지원하여야 동기 부여를 통해 적극적인 참여 경쟁을 유도하여 자조정신의 함양에 기여할 수 있을 것이라는 교훈을 얻었으며, 후술하는 바와 같이 이런 원칙들을 새마을운동에 반영하였다.

실사구시적으로 농촌 개발 사업의 실제 경험을 통해 새로운 지식을 습득하는 방식으로 새마을운동을 구상한 것이다. 또한 박정희 대통령을 가까이에서 보좌했던 박정희 정책 연구의 효시인 김정렴 당시 대통령 비서실장도 항상 새마을운동은 박정희 대통령 혼자의 작품이라고 증언하고 있다.

새마을운동의 전신이라 할 수 있는 사업들의 추진과정을 살펴

보면 다음과 같다.

- '농어촌 고리채 정리': 1961년 5월 25일 5·16 혁명 직후 '농어촌 고리채 정리령'을 발령하고 1961년 6월 8일자로 '농어촌 고리채 정리법'을 제정하여 동년 8월 5일부터 본격적인 정리작업에 착수했다.
- '재건국민운동'의 전개: 5·16 혁명 직후인 6월 11일자로 '재건국민 운동에 관한 법률'을 제정 공포하여 국민의 의식 근대화 개혁운동 을 전개하였다.
- '농협협동조합'의 설립: 1961년 7월 29일자로 구 농협과 농업은행을 합병하는 '종합 농업협동조합법'을 제정하여 새로운 농업협동 조합을 설립했다.
- '농촌진흥청'의 설립: 1962년 3월에 농촌진흥법을 제정하여, 농민들의 생산 활동을 돕기 위해 새로운 기술을 개발하고 이를 지도하는 농촌진흥청을 설립하였다.
- '농공병진'정책의 채택: 제1차 경제개발 5개년 계획의 성공적인 추진에 따라 1967년 연두교서에서 박정희 대통령은 농공병진(農工竝進)정책 채택을 선언했다. 이를 위해 농어민 소득 증대 사업을 추진하였다.
- '농어촌개발공사'의 설립: 1967년 말 국회에서 농어촌개발공사 법안을 제정하고 다음해인 1968년 2월 초에 자본금 10억 원의 공사를 발족하였다.
- 1968년 4월 26일자로 국무총리를 위원장으로 하는 '농어민 소

득증대지원 협의회 규정'을 제정하여 농어민 소득 증대 사업을 본격 추진하였다.

- 박 대통령의 농특사업 추진 특별 지침: 농공병진 정책의 일환으로 농어민 소득 증대 사업을 추진해 왔는데 이 사업을 '농특사업'으로 명명하고 다음과 같은 시행 지침을 시달하였다.

① 농어민들의 자발적인 참여를 유도하려면 농어민들의 손에 현금소득이 쥐어져야 인센티브로 작용할 수 있다는 점에 착안하여 현금 작목(잠업, 양송이, 감귤, 사과, 낙농, 비육우 한우, 아스파라가스, 비닐하우스 고등 채소 등)중심으로 농특사업 작목을 선정할 것을 시달하였다.

② 스스로 돕는 자조, 주인의식이 중요함을 인식하여 참여 농어민이 스스로 자기 돈을 투입하도록 시달하였다. 이는 바로 박정희 대통령의 '하늘은 스스로 돕는 자를 돕는다'라고 하는 철학의 반영이다. 그동안 한국 농어민들은 정부가 모든 것을 지원해 주다 보니, '잘 되어도 그만, 잘못되어도 그만'이라고 생각하고 사업을 열심히 하지 않았다. 따라서 모든 농특사업 참여 농어민들은 사업 계획의 10~20%는 자기 자본으로 부담하도록 하고, 부담 능력이 전무할 경우는 가족들의 노동력을 평가해서라도 일정량의 자기 부담을 하도록 의무화하였다.

③ 스스로 도와서 스스로 잘 살게 되는 사업 정신이 농특사업의 정신이었다. 여기에서 자조정신(自助精神), 자립경제(自立

經濟)의 새마을정신이 배태되었다. 박정희 대통령의 이 지시 이후부터 농어민 소득 증대 사업을 '농특사업'이라고 부르게 되었다.

- '하면 된다(can do)'라는 새마을정신 캐치프레이즈의 탄생: 1969년 9월 18일, 지금의 세종문화회관 자리에 있었던 시민회관에서 대한민국에서 처음으로 전국 각 시도별 농특사업 경진대회를 개최했다. 고병우 장관의 회고록에 의하면, 경진대회 마지막 순서로 대통령의 치사가 있었는데 박정희 대통령은 단상에 올라서자 준비된 원고는 보지도 않고 손을 번쩍 높이 들어 경진대회 수상자 쪽을 가리키며 "저렇게 가난한 사람도 열심히 하니 성공하지 않느냐?" "하면 된다!" "국민 여러분, 우리 모두 해 봅시다" 하면서 손수건을 꺼내 눈물을 닦으셨다.
  고병우 장관은 이날 처음으로 새마을정신이 제창되었다고 증언한다. 그 후 새마을운동을 전국적으로 확산시킬 때 농특사업 참여 마을이 먼저 성공하여 자조마을이 되고 자립마을이 됐다. 결국 새마을운동은 농특사업에서 배태된 것이다. 새마을운동은 이와 같이 10여 년간 실제 농촌 근대화 정책의 입안과 시행을 거치면서 다듬어지고 정리된 운동이므로 그 창시자는 바로 박정희 대통령이라고 할 수 있다.
- 농특사업과 새마을운동의 차이: 농특사업은 과거 정부가 일방적으로 농어민들을 지원하는 정부 지원 사업들과는 달리, 정부가 선택해서 권장하는 사업(가공 수출을 위한 농작물 재배 등)에 농어

민 중에서 자기 몫을 투자하여 참여하겠다는 농어민만을 대상
으로 한 사업이었다. 이는 정부 수립 후 처음으로 시도된 새로
운 농어촌 사업 방식이었다. 반면에 새마을운동은 후술하는 바
와 같이 마음이 단위가 되어 마을의 인프라 개선과 소득 증대를
위해 마을 주민들이 모두 자주적으로 참여 추진하도록 한 사업
이었다.

● '새마을 가꾸기'에서 '새마을운동'으로

　① 과잉 시멘트와 새마을 가꾸기

　　박정희 대통령이 1969년 8월 4일 수해지구 복구 상황 시찰
　　시 마을 주민들이 자발적인 참여 하에 복구 사업을 성공리
　　에 완수한 현장을 보고 크게 감동하여 '자조' 노력을 바탕으
　　로 한 농촌 근대화 사업의 새로운 모형을 생각하게 되었다
　　고 알려져 있다.

　　그 후 1970년 가을 대한양회공업협회의 김성곤 회장이 국
　　내 시멘트 업계가 재고 누적의 어려움에 봉착하게 되었다고
　　도움을 호소하자, 박정희 대통령이 김현옥 내무부 장관에게
　　'시멘트 업계가 재고가 많아 어렵다니 내무부에서 싸게 사
　　서 농어촌에 나누어 주면 어떨까?' 하고 시멘트 업계의 애로
　　해결책을 내무부 장관에게 요청하였다. 내무부는 그 후 시
　　멘트를 농어촌의 33,267개 자연부락에 1개 마을당 335포대
　　씩 무조건 똑같이 나누어주기로 했다. 농어촌에서 주민들이
　　어떻게 쓰든지 간섭하지 말라 하고, 다만 당시 농어촌 마을
　　에서 추진하면 좋겠다고 생각되는 사업 10가지를 골라 시범

사업으로 선정해서 시공법을 해설하는 팸플릿을 만들어 함께 배포하였다. 그 때 그 사업의 이름을 '새마을 가꾸기 사업'이라고 명명했는데 이 때 '새마을'이라는 용어가 처음 사용되었다. 이처럼 농림부의 농어민 소득 증대 사업(농 특사업)과 별개로 과잉 시멘트 해결 방법으로서 새마을 가꾸기 사업이 내무부가 주관하는 사업으로 병행했던 것이다.

② '새마을운동'의 시발: 1970년 4월 22일 '새마을운동 선포의 날' 박정희 대통령이 잘 살기 운동이라고 명명한 새마을운동은 5·16혁명 때부터 그 싹이 심어졌고, 농어촌 개발공사를 설립하고 농어민 소득 증대 사업에 착수하면서 농어촌의 변화를 이끌어냈으며, 내무부의 새마을 가꾸기 사업으로 활기를 띠기 시작했다. 농특사업과 새마을 가꾸기 사업이 서로 시너지를 내면서 그 파급 효과가 증폭되기 시작하였다.

그리고 이를 전 농어민, 나아가 전 국민에게 호소하고 동참과 협력을 촉구하는 메시지와 정책 방향이 1970년 4월 22일, '한해대책 전국지방장관회의'에서 제시되었는데 이때까지는 아직 '새마을운동'을 공식 명칭으로 사용하지는 않았다. 그러나 박정희 대통령은 새마을 가꾸기 사업을 할 때부터 새마을운동이 이미 시작된 것으로 보고 국민을 지도해 나갔다. 그래서 국가에서는 4월 22일을 '새마을의 날'로 지정하여 기리고 있다.

새마을운동 수출의 문제점

홍영기(문명교육재단 설립자)

새마을운동이 다시 각광받고 있다. 신한류(新韓流)로 떠오르면서 아시아 저개발 국가들의 경제 발전 모델로 주목받고 있다. 중국이 공무원들을 대거 한국에 보내 새마을운동을 배우게 하고 있고 경북도는 베트남과 캄보디아 등지에 새마을운동을 수출하고 있다.

특히 경북도는 자매결연을 한 베트남의 타이응우엔성에 수억 원의 예산을 들여 새마을 회관과 보건진료소 건립, 마을 안길 포장, 농수로 설치, 전기시설 교체에 이어 올 초엔 초등학교까지 지어주는 정성을 보였다. 성대한 기념식도 함께 가졌다. 최근엔 반기문 UN사무 총장이 아프리카 국가를 방문한 자리에서 UN산하 단체들에게 한국의 새마을운동을 배워보라고 권고하기까지 했다.

새마을운동은 1970년 4월 박정희 대통령이 부산에서 열린 한해 대책 지방행정기관장 회의에서 새마을운동을 전개할 것을 천

명하면서부터 비롯됐다. 이후 새마을운동은 전국 방방곡곡에 요
원의 불길처럼 번져 우리나라 근대화의 기틀을 다지는 계기가 됐
다. 새마을운동과 무늬가 같은 마을 단위의 잘 살기 운동은 그 이
전에도 여러 곳 있었다.

나는 1960년 육군 소령 예편 후 고향인 청도군 운문면 방음리
에 정착, 자갈밭을 개간해 옥답으로 일구고 사과나무를 심어 수확
을 올렸다. 이를 기본으로 도정공장과 구판장, 농민회관을 세우고
지붕 개량 작업, 마을 전력 공급, 도로 정비와 다리 건립, 학교 설
립 등 농촌 잘 살기 운동을 펼쳤다. 이 공로로 1968년엔 5·16민족
상을 받았다. 새마을운동이 시작되기 훨씬 이전부터 이를 실천해
왔던 것이다.

오늘날 새마을운동의 발상지로 꼽히는 청도 신도리와 비슷한
시기에 새마을운동을 한 셈이다. 지금은 운문댐 건설로 수몰되고
없지만, 방음리 인근에 새마을 동산이라는 기념 동산이 남아 새마
을의 선진지로서의 자취를 아직도 전해주고 있다.

당시 새마을운동은 농어촌 생활환경 개선사업을 시작으로 전
기, 전화 가설, 식량 증산으로 이어지면서 우리 농촌의 근대화를
가로막고 있던 여러 가지 요인들을 제거, 근대화를 앞당겼다. 새
마을운동의 기본 정신은 단순한 생활환경 개선사업이 아니라 '잘
살아보자'는 국민 정신운동이었다.

이제 '근면, 자조, 협동'의 새마을운동 정신은 우리나라를 세계 10위권의 경제 대국으로 올려놓은 모태가 됐다는 사실을 그 누구도 부정하지는 못할 것이다. UN에서는 우리의 새마을운동을 세계적으로 성공한 지역사회 개발 운동의 모델로 공식 선정했고, 우리나라에서도 지난 1998년 정부 수립 50주년 기념으로 실시한 '대한 50년, 우리 국민이 성취한 가장 큰 업적' 조사에서 새마을운동이 1위로 선정됐다. 이렇든 새마을운동은 세계적으로 인정받는 정신운동이 됐다.

그런데 이런 새마을운동이 최근 일부 호도(糊塗)되고 있는 것 같아 안타깝기 그지없다. 신 농촌운동을 부르짖으며 새마을운동을 배우러 왔던 중국의 당 간부가 중국 언론에 "새마을교육을 배우려고 갔더니 고작 새마을 관련 시설 몇 군데 견학만 하고 나머지는 관광 일정으로 짜여 사실상 배울 게 없었다"는 내용을 기고해 우리의 자존심을 상하게 했다. 제대로 된 교육 프로그램을 마련, 새마을운동을 배우려는 나라와 국민들에게 옳게 가르쳐 주어야 한다.

앞서 언급했듯 베트남 등지에서 보여 준 '퍼주기식' 새마을운동은 지양돼야 한다. 새마을운동을 배우려는 국가들이 학교를 지어주고 도로를 넓혀 주는 지원사업이 새마을운동의 전부인 양 자칫 오해하는 일은 없도록 해야 할 것이다.

　　물론 새마을운동을 해외에 수출하는 입장에서 또 이제 국민소득 2만 달러를 눈앞에 둔 부자나라 한국의 입장에서 새마을운동을 배우겠다는 후진국에 새마을운동의 중심인 경북도가 약간의 선심을 쓴 것을 두고 뭘 그렇게 탓하느냐고 반문할 수도 있다. 하지만 그것은 분명 아니다. 스스로 할 수 있다는 자신감과 함께 서로 돕는 협동 정신으로 자신들의 길을 개척해 나갈 수 있는 정신을 가르쳐 주는 것이 새마을정신을 바로 심어 주는 것이다. 우리의 위대한 자산인 새마을운동을 제대로 외국에 알려주어야 한다.

　　새마을운동에 평생을 바쳤던 한 사람으로 국가 브랜드로 뜨고 있는 새마을운동이 진정 세계의 정신으로 꽃피워 나가기를 기대한다.

2007년 2월 7일 매일신문 '수요시평'에서

새마을운동과 천리마운동

조영기(전 고려대 북한학과 교수)

.... 들어가면서

남북한의 분단은 지리적 분단뿐만 아니라 체제의 분단으로 이어졌다. 즉 정치체제, 경제체제, 가치체계, 사회문화, 생활방식 등 국가사회 전반에 이질적 체제가 정착하였다. 물론 '민족'이라는 동질적 요소가 있지만 이질적 체제의 분단이 장기화되면서 이질성이 더욱 심화되는 것이 현실이다. 하지만 동질적 요소라고 생각했던 '민족'도 변질되고 있다. 북한이 '민족'을 '김일성 민족'으로 변질시키면서 한 민족 고유의 '민족' 개념이 많이 퇴색되었다.

특히 '김일성 민족'은 북한의 3대 세습 독재체제를 정당화하는 도구로 악용된 지 이미 오래 됐다. 남북한이 같은 단어를 사용하고 있지만 다른 의미(同音異意)로 사용되는 것이 현실이다. 경제발전을 위한 '국가동원 체제'도 전혀 다른 의미로 해석된다. 바로 1970년대 한국의 '새마을운동'과 1950년대 이후 북한의 '천리마운동'이 여기에 해당한다.

2차 세계대전 이후 신생독립국가는 경제발전을 위해 국가 주도로 자원을 동원하는 방법을 채택하였다. 이를 국가주도의 동원체제라고 한다. 물론 경제체제와 무관하게 국가주도의 동원체제가 시행되었지만 사회주의를 채택한 국가에서 더 많이 적용되었다. 즉 1935년 소련의 스타하노프 운동(Stakhanovskoe dvizhenie)과 1958년 중국 마오쩌둥 주도의 대약진운동이 대표적이다. 이를 모방해 북한도 1956년 천리마운동을 추진하였다. 이 운동들의 공통점은 노동력 투입을 증대시키기 위한 노력 경쟁 운동으로 군중노선이 동원되었다. 이들 국가들 이 경제발전 초기 노력경쟁운동을 대대적으로 전개한 이유는 생산요소 -특히 노동- 의 투입 증가를 통해 서방자본주의 국가와의 경쟁에서 승리하기 위한 전략적 차원의 산물이다. 물론 노력경쟁에 기반을 둔 군중노선에 의한 외연적 성장(extensive growth)은 성장 초기에는 높은 성장이 가능하지만 일정한 기간이 지나면 성장의 한계에 직면하게 된다. 왜냐하면 노동투입량의 물리적 증가는 한계가 있을 뿐만 아니라 기술발전을 동반하지 않은 노동의 한계생산성도 체감하기 때문이다.[01]

한편 북한은 천리마운동을 처음 시행한 이후 지금까지 그 명칭을 변경하면서 군중노선에 의한 노력동원이 계속되고 있다.[02] 이

---

01) 조영기, 『정치가 지배하는 북한경제』, 한반도선진화재단, 2020, p. 74.

02) '천리마운동', '천리마작업반운동', '천리마속도전운동', '평양속도', '비날론 속도', '강선속도', '충성의 속도', '70일 전투속도', '100일 투쟁', '3대혁명운동', '3대혁명소조운동', '3대혁명붉은기 쟁취운동', '80년대 속도', '90년대 속도', '제

처럼 북한의 노력동원이 장기간 시행되고 있다는 점은 노동력이 유일한 동원자원이라는 사실을 자인하고 있다는 점이다. 물론 군중노선이 정치적 목적을 달성하기 위한 방편의 일환으로 지속되고 있지만, 주민 들은 노력 동원의 유효성을 전혀 인정하지 않고 있다.

한편, 한국은 1970년 지역사회 개발운동으로서 새마을운동을 전국적인 국민운동으로 추진하였다. 새마을운동이 1970년대 초반 경제발 전의 자극제로써 긍정적 역할을 담당했다. 그러나 새마을운동이 유신체제의 지속을 위한 동원체제의 수단으로 일부 악용된 측면이 있지만 이를 새마을운동 전체를 폄훼하는 기준으로 삼는 것은 잘못된 평가 기준이다.

특히 일부 좌편향 인사·집단이 북한의 천리마운동은 북한체제 유지를 위한 긍정적 정책으로 수용하면서 한국의 새마을운동이 독재를 위해 동원된 정책으로 평가절하하고 있다. 이는 매우 불공정한 잣대가 아닐 수 없다. 왜냐하면 천리마운동은 김일성의 독재체제를 공고화해주는 정치적·경제적 기반으로 악용되었기 때문이다.

---

2 의 천리마대진군운동', '강행군속도', '준마속도', '라남의 봉화', '라남의 속도', '100일 전투', '마식령속도', '만리마운동' 등 상황에 따라 변경해 왔다.

·················· 새마을운동

왜 새마을운동을 전개하였나?

국내 경제적 측면

한국의 제1차 경제개발 5개년 계획(1962~1966)과 제2차 경제
개발 5 개년계획(1967~1971)은 괄목할만한 경제성장을 달성하면
서,[03] 한국경제는 본격적인 경제 도약단계(take-off)에 진입했다.
한국이 고도성장을 달성한 요인은 해외자본과 기술유치, 국내의
저렴한 양질의 노동력 때문이다. 제1차 5개년 계획은 국가적 지
원 아래 전략산업을 엄선·육성해 공업화 토대를 추진해 후진경제
를 탈피하고자 하는 계획이다.[04] 따라서 제1차 5개년 계획은 수입
대체 산업육성과 수출 제일주의 공업화의 전략을 추진하면서 농
업개발과 식량자급과 같은 1차 산업에 대한 투자 배분을 상대적
으로 축소시키게 되었고, 공업화를 위해 인플레이션 압력을 저곡

---

03) 연평균 경제성장률이 1953년부터 1961년까지 4.8%인데 반해 1962년부터
　　1969년까지는 9.8%로 고도성장을 이룩하였다.
04) 당시 정부는 이 전략을 임택트 폴리시(impact policy)라고 명명하였으며, 학계
　　등 일각에서는 불균형성장이론이라고 했다. 일각의 불균형성장에 대해 오원철
　　은 '패튼 전차군단 방식'이라고 응수하였다(오원철, 『한국형경제건설』, 한국형
　　경제정책연구소, 1995, p. 18).

가 정책의 시행으로 그 부담이 농민에게 전가되었다. 이런 정부의 공업 육성 정책은 상대적으로 농업은 위축되고 양곡 수입은 증가할 수밖에 없었다.

그리고 제2차 경제개발 5개년 계획은 산업구조를 근대화하고 자립 경제의 확립을 더욱 촉진하도록 기본목표를 정하였다. 기간 중 경제 성장률 목표는 7%였지만 실제 성장률은 10.5%이었다. 이를 산업별로 보면 광공업은 10.7%를 목표로 하였으나 20.2%의 성장을 하였다. 반면 농림수산업이 5.0%의 성장을 목표로 하였으나 실제성장률은 2.3%에 그쳐 낙후상태를 면하지 못하였다. 또한 새마을운동이 시작되기 직전 1인당 생산액의 변화 추이는 <표 1>에서 보는 것처럼 농업이 제조업보다 성장률이 낮을 뿐만 아니라 농업의 1인당 생산액은 76,000원으로 제조업의 생산액 301,000원의 1/4수준에 지나지 않았다. 또한 새마을운동이 시행되기 전 산업 자체 생산성 차이로 인해 소득격차 가 발생되었을 뿐만 아니라, 정부의 정책 집행과정에서도 농업부문의 잉여가 산업부문으로 이전되어 농촌을 더욱 피폐하게 만들었다.

농촌부문에서 산업부문으로 소득을 이전시킨 요인을 살펴보면, 저곡가 유지정책, 조세정책, 비료정책 등이 있다. 우선, 저곡가 유지 정책은 도시 산업부문의 저임금이 가능케 하며 생산비용을 절감시키는 효과를 거두었지만 농촌부문의 자본축적을 저해

<표 1> 1인당 생산액

구분	1965	1968	1970	비고
농업	62.3	68.0	76.0	1965년 불변 가격기준
	100	109.1	122.0	
제조업	178.5	222.7	301.0	
	100	124.8	168.5	

자료: 한국은행, 『경제통계년보』, 1972.

하게 되었다.[05] 결국 저곡가 정책은 농촌의 희생을 전제로 한 정책이기 때문에 도·농간 상대적 소득격차를 확대시키고 대량의 노동력이 도시로 유입되도록 하는 이중의 역할을 하였다. 둘째, 조세정책의 불평등이 농촌의 피폐를 더욱 가중시켰다. 벼 작물에 부과되는 농지세가 도시주민에게 적용되는 종합소득세보다 과중한 세금이 부과되었다. 셋째, 비료정책의 불합리성이 농업 잉여를 도시부문으로 이전하게 되었다. 즉 비료값은 정부의 독점판매로 국제가격보다 비쌌지만 양곡의 수매값은 낮아 농민에게는 불리하

---

05) 저곡가 정책은 이중 곡가제와 밀접한 관련이 있다. 이때 정부 수매가는 추정 생산비에 비해서 매우 낮은 값을 유지한 것이 상례였다. 새마을운동이 실시되기 이전 수매가가 시장가격을 상회한 것은 1970년 한해 뿐이었다. 이처럼 정부의 일반미 가격 통제는 농업의 상대적 피폐를 가져왔다. 이와 관련된 내용은 다음을 참고(문팔용, "1970년대 양정과 정책건의", 『KDI 정책연구사례: 지난 30년의 회고』, 2003, pp. 99~118)..

였다.[06] 이와 같은 소득격차의 심화와 농촌의 피폐로 영농자금이
50% 정도만 회수되어 농협은 법적 절차를 강구함으로써 농민의
불만이 고조되는 등 많은 사회적 문제가 발생하였다.[07] 이런 상황
을 타개하기 위하여 정부는 농가 소득 증대 방안을 강구하지 않을
수가 없었다.

사회적 측면

일반적으로 공업화 과정에서 농업의 역할은 공업부문에 식량
및 공업용 원료 공급, 공업에 필요한 노동력 공급, 공업부문에서
생산한 생산재와 소비재 시장에서 수요자가 된다는 것이다. 공업
화의 초기 단계에 한국의 농업도 저임금 노동력을 공업 부문에
제공하였다. 공업화 과정에서 도·농 간 또는 공업 간 격차가 필연
적으로 발생하며, 이런 격차의 심화는 소득분배의 불균형, 공업
부문 간 격차, 지역 간 격차 등과 같은 사회경제적 이중구조의 문
제를 야기한다. 특히 도농 간 사회경제적 이중구조에서 이농(離
農) 현상이 가속화되었다. 이런 사회경제적 문제에서 한국도 예외
일 수 없다. 따라서 1960년대 경제개발계획 과정에서 <표 2>에서

---

06) 임경택,『한국 권위주의 체제의 동원과 체제에 관한 연구』, 고려대학교대학원,
　　1991, pp. 36~38.
07) 청사 편집부,『70년대 한국일지』, 청사, 1984, p. 38.

보는 것처럼 도시 인구 비율이 매년 증가하여 도시화가 급속히 진행되었다.

<표 2> 도시 인구 비율 (단위:%)

년도	1962	1965	1966	1967	1968	1969	1970
도시인구비율	42.9	44.4	44.8	46.3	46.5	48.3	49.9

자료: 전국경제인 연합회, 『한국경제 연감』, 1979.

도시인구 집중현상은 도시의 규모가 클수록 집중현상이 심화되었다. 이것은 고용기회, 교육기회의 도시 편중현상을 부채질하여 도·농 간의 균형발전을 더욱 어렵게 만들었다. 특히 젊은 세대 중 농촌 잔류자와 도시 진출자 간의 인식에 대한 상당한 차이가 있었다. 도시에서 취업한 것만으로도 계층(신분)상승으로 인식되었으나 농촌 잔류자에게는 근대화 과정에서 제외된 소외감, 각종 성취 기회 상실에 대한 불안감, 농촌 생활에 대한 좌절감, 체념 등으로 스스로 소외계층으로 인식하였다. 이러한 현실 인식은 이농현상을 더욱 가속화시키고 농촌은 경제적 정신적으로 황폐화되었다. 이런 상황에서 정부는 급격한 이농(離農) 현상의 완화와 농촌 지역발전을 위한 농촌의 소득증대 사업실시와 정신적인 동기부여를 절실히 필요로 했다. 이런 배경에서 새마을운동은 환경개선 사업과 소득증대 운동에 덧붙여 자조, 자립, 협동의 정신운동으로 농민들에게 상실된 의욕을 고취하려는 노력을 기울이게 된 것이다. 그리고 미신과 음주, 도박같은 폐습의 개선운동을 전개하여 보다 진취적이고 적극적인 생활태도의 변화를 유도하고자 하였다.

대외경제적 측면

제1차 경제개발 5개년 계획기간 동안 경제개발을 위해 외자(유·무상 차관) 도입이 필요했다. 도입된 외자는 일부 기업에 특혜적 배정과 도입업체의 부실화, 무계획적 사용 등의 문제가 발생하였다. 이런 차관 도입의 배정 관리 등의 내부적 문제뿐만 대외경제환경도 외자 도입에 우호적이지 않았다. 즉 국제통화기금(IMF)은 차관도입의 상한선을 설정함으로써 외자도입 상황이 더 어려워졌고, 세계 경제가 침체되면서 보호무역이 강화되었다.

특히 1971년 미국이 10%의 수입부가세 징수를 골자로 하는 신경제정책을 발표함으로써 대미수출에 제동이 걸리게 되었다.[08] 그리고 전후 미국 주도의 국제통화질서(Bretton Woods system)는 미국의 금태환금지 조치와 달러 평가절하로 인해 국제통화위기에 직면하면서 국제금리는 고금리를 촉발하게 되었다. 또한 일본 엔화가 변동환율제도를 채택하면서 엔화가 평가절상되었고, 일본으로부터 원자재, 중간재, 자본재의 가격이 상승하

08) 임경택,『한국 권위주의 체제의 동원과 체제에 관한 연구』, 1991, p. 29.

게 되었다. 결국 세계 금융위기로 인해 한국의 생산조건은 악화되고 국내물가도 상승하면서 수출경쟁력도 악화되었다.[09] 국제 금융시장의 고금리는 차관 원리금 상환 부담 가중과 수출경쟁력 약화는 국제수지를 악화시켰다. 즉 정부당국은 수입결제와 고도 성장의 냉각에 따른 투자억제조치, 금융긴축조치를 취할 수밖에 없었다. 이런 긴축조치로 인해 기업의 자금사정이 악화되었고 경기불황이 가속화되기 시작했다. 이처럼 일련의 세계 경제상황이 변화되면서 고속 성장하는 한국경제에 심대한 타격을 주었다. 따라서 정부는 어려운 국내 경제상황을 타개하기 위해 경제 안정화 정책을 채택할 수밖에 없었는데 경제 안정화 정책의 일환으로 새마을운동이 채택되었다.

새마을운동의 정신

어원에서 보는 새마을정신

새마을운동의 정신은 '새마을'이라는 어원(語原)에서 알 수 있다. 즉 '새마을'의 '새'는 '새로운', '더 좋은'을 의미하고, '마을'은 '지역 또는 생활공동체'의 기본단위인 '동네'를 의미한다. 따라서

---

09) 전철환,『국제경제의 체질 변화와 70년대의 한국경제』,『한국사회의 재인식』, 한울, 1985, pp. 3~4.

'새마을'은 절대빈곤의 상황을 벗어나 '새로운 생활공동체'를 만들어 간다는 의미다. '새로운' 것을 지향한다는 점에서 개혁운동이며, 마을의 공동체 가치를 공유한다는 점에서 공동체운동이다. 여기서 개혁운동이 의미하는 것은 가난과 궁핍으로 점철된 과거와의 단절, 새로운 시대와 환경을 향한 변화와 창조, 더 좋은 미래에 도전하는 의지를 내포하고 있다. 그리고 '공동체운동'이 의미하는 것은 전통적 공동체에 안주할 것이 아니라 공동체가 혁신을 통해 '함께 잘 사는 공동체'로의 발전을 도모하는 것이다. 결국 '새마을운동'은 과거보다 더 나은 살기 좋은 공동체를 만드는 것이다. 여기서 '살기 좋은 공동체'에는 경제적으로 '풍요로운 잘 살기'가 목표이지만 삶의 방식에서 '보람 있고 떳떳하게 잘 살기'를 지향하고 있다는 점이다.[10] 이처럼 새마을운동의 목표가 '잘 사는 것'을 넘어 이웃과 국가사회의 발전도 도모하고자 하였다는 점에서 국민 모두가 동참해야 달성될 수 있는 실천운동이었다.[11] 이는 당시 농촌근대화를 빈곤퇴치와 조국근대화(산업화)라는 국가적 과제와 결부하면서 새마을운동이 소기의 성과를 거둘 수 있었다.

새마을운동의 정신은 박정희 대통령의 새마을운동 지침서에

---

10) 정갑진, 『1970년대 한국 새마을운동의 정책 경험과 활용』, 한국개발연구원, 2009, pp. 20~21.
11) 박정희 대통령은 '어떻게 해야 잘 살 수 있는가?'의 문제는 실천을 강조하고 자조(自助)와 협동정신을 강조했다.

잘 나와 있다.[12] 동 지침서는 '어떻게 사는 것이 잘 사는 거냐?'는 화두(話頭)를 제시하고 있다. '잘 사는 것'의 개념은 다음과 같다.[13]

① 빈곤탈피
② 소득이 증대되어 농촌이 부유해지고, 보다 더 여유 있고, 품위있고 문화적인 생활
③ 이웃끼리 서로 사랑하고, 상부상조하고
④ 알뜰하고 아름답고 살기 좋은 내 마을
⑤ 당장 오늘의 우리가 잘 살겠다는 것도 중요하지만 — 내일을 위해 우리의 사랑하는 후손들을 위해서 잘 사는 내 고장을 만들겠다는 데 보다 더 큰 뜻이 있다(새마을운동의 철학적 의의를 발견하자).

새마을운동은 빈곤을 탈피하고자 하는 '잘 살기 위한 운동'이다. '잘 살기 위한 운동'이 실질적 성과를 거두기 위한 구체적 실천 덕목이 필요하다. 바로 실천 덕목이 새마을운동의 성공조건이다. 새마을운동의 실천 덕목으로 근면(勤勉), 자조(自助), 협동(協同)을

---

12) 박정희 대통령의 「새마을운동 지침서」는 1972년 4월 26일 전남 광주에서 개최된 '새마을소득증대 경진대회'에서 친필로 제시되었다. 이와 관련된 내용은 다음 참고(좌승희,『새마을운동 왜 노벨상 감인가』, 청미디어, 2020, pp. 33~43)..
13) 좌승희,『새마을운동 왜 노벨상 감인가』, 청미디어, 2020, pp. 35~36.

제시하고 이를 새마을정신이라고 했다.[14] 이들은 새마을 사업 현장에서 나타난 실천 덕목들이라는 특징이 있다. 즉 새마을 사업을 잘하는 마을은 대개 주민들이 부지런한 마을이었으며, 자립정신이 강하고 협동을 잘하는 마을이었다.[15] 이런 점에서 새마을운동은 정신 계발(啓發)운동이며, 정신혁명 운동이라고 평가된다. 한편 새마을정신이 중요한 것은 사람들이 갖고 있는 생각과 정신을 바꾸어야만 새마을운동이 성공할 수 있다는 기본인식 때문이다. 그러나 사람들의 생각만 바꾸는 것에 머물지 않고 행동과 실천도 강조하였다는 점이다. 즉 근면, 자조, 협동의 새마을 3대 정신은 새마을운동을 추진하는 '생활신조'로 표현되기도 했다.

---

14) 좌승희, 『새마을운동 왜 노벨상 감인가』, 청미디어, 2020, p. 37.
15) 정갑진, 『1970년대 한국 새마을운동의 정책 경험과 활용』, 한국개발연구원, 2009, p. 22.

새마을운동의 3대 정신

근면의 의미

근면의 사전적 의미는 '부지런히 일하며 힘을 쓰는 것'이다. 새마을운동에서 근면을 강조한 것은 부지런해야 잘 살 수 있다는 믿음 때문이다. 근면은 주민들이 일에 대한 건전한 윤리관을 고취시켜 새마을운동에 자발적 참여와 적극적 추진을 강조하려는 것이다.

특히 좁은 국토와 빈약한 부존자원, 저개발국가인 한국경제 여건 속에서 근면은 생존의 기본 원리였다. 그리고 부지런하면 성실해지고(勤勉誠實), 성실하면 거짓과 허영과 낭비를 모른다는 점에서 덕행의 근본이다.

또한 근면의 어의(語義)는 일을 꾸준히 한다(勤)는 의미와 힘쓴다(勉)는 의미다. 따라서 근면은 단순한 부지런함이나 일시적인 노력이 아니라 어떠한 역경에도 굴하지 않고 꾸준하게 끈질기게 쉬지 아니하고 도전해 나간다는 의미도 있다. 또한 근면은 근검(勤儉)과 통한다. 알뜰정신, 절약정신은 부지런함에서 나온다. 분수를 지키고 검소한 사람만이 부(富)를 이룰 수도 있고 지킬 수도 있는 것이다. 이처럼 근면 정신에는 부지런함, 꾸준함, 알뜰함의 의미와 함께 실천력을 제고하기 위한 도전과 불굴의 개척정신도 포함되어 있다. 결국 근면정신은 자기발전의 실천 덕목으로 작동할 뿐만 아니라 사회적 신뢰를 높여 사회발전의 가치를 창출하는 사회적 자본(social capital)으로서 기능한다.

자조의 의미

자조란 '자기의 발전을 위하여 스스로 애쓰는 것'이다. 즉 자조는 '하늘은 스스로 돕는 사람을 돕는다'는 성경의 말씀처럼 자신의 운명을 스스로 개척해 나가는 자기극복의 실천적 덕목이다. 따라서 자조정신은 남에게 의존하지 않고 책임을 전가하지 않으며 자기의 역할을 스스로 완수하는 생활자세를 말한다. 결국 자조정신은 자기 인생의 주인은 자신이며, 자신이 외부의 환경과 어려운 여건을 타개하고 한계를 극복하는 자립정신이다. 또한 자조정신은 패배주의에 젖어 자기비하 의식을 불식시키는 것이며, 자기 자신의 중요성을 재인식해 난관을 극복하는 의지이며, 자신의 노력 대가가 모든 일의 성과로 인식하며, 이타심을 배제해 자존과 책임을 강조하는 주인의식의 발로이다.

또한 자조정신은 자율과 책임을 다하는 주인정신이다. 개인의 자조정신은 민족의 자주성과 직결된다. 결국 자조정신은 개인과 사회 국가와 민족의 존속과 번영에도 크게 기여할 것이다. 자율과 책임의 자조정신은 무슨 일이든지 '하면 된다!'는 자신감을 갖게 하며, '해서는 안 될 일이 없다'는 행동의 지표이다. 이처럼 자조정신은 자립, 자율, 책임을 내포하고 있어 새마을운동의 실천적 원리라 할 수 있다.

협동의 의미

협동이란 '서로 마음과 힘을 하나로 합하는 것'이다. 협동은 '백지장도 맞들면 낫다'는 속담에서 알 수 있다. 협동이 필요한 것은

'함께 하면 더 큰 효과를 달성할 수 있다'는 점이다. 즉 이런 결과가 나타나는 이유는 능률 향상, 단결심의 강화, 자신감의 고취 등 때문이다.[16) 따라서 새마을정신에서 근면과 자조가 필요조건이라면 협동은 충분조건이다. 근면과 자조정신에 협동정신이 추가되면 $1 + 1 = 2 + \alpha$ 의 상승효과(synergy effect) 효과를 나타낼 수 있다는 점이다. 물론 새마을운동은 마을 주민이 함께 추진해야 하는 사업이 대부분이었다는 점에서 협동은 더 중요한 실천적 과제였다. 협동은 '백지장도 맞들면 낫다'는 속담에서 알 수 있듯이 서로 간의 협동을 통해 일의 효율성을 높이는 것뿐만 아니라 새마을운동의 확산과 공동체의 발전을 도모하는 중요한 덕목이었다. 인간은 결코 혼자만 살아갈 수 없다. 즉 인간사회는 다른 사람으로부터 도움을 받기도 하고 주기도 하여야 한다.

이는 인간의 삶의 과정은 협동이라는 과정을 거쳐야만 한다는 점을 인식하고 있다. 따라서 협동은 인간사회의 삶을 영위하는 방식 중 하나다. 특히 협동의 과정 속에서 화합과 단결을 도모할 수 있을 뿐만 아니라 협동의 결과로 이룩한 성과에 대해 공동체가 보람과 긍지를 공유하면서 공동체 정신을 고양하게 된다.[17)

---

16) 좌승희, 『새마을운동 왜 노벨상 감인가』, 청미디어, 2020. pp. 36~37.
17) 정갑진, 『1970년대 한국 새마을운동의 정책 경험과 활용』, 한국개발연구원, 2009, p. 24.

새마을운동과 발전의 정신

경제발전은 저개발국이 저개발 상태에서 벗어나는 것이다. 일반적으로 저개발국의 경제발전을 저해하는 요인은 자본이 부족하기 때문이라고 진단했다. 그래서 경제발전을 위해 저축과 투자의 중요성이 강조되었다. 그러나 외자도입 등의 방법을 통해 자본축적이 이루어져도 경제발전을 이루지 못하는 국가가 있다. 바로 경제발전을 이끄는 주체와 의지, 열망에 따라 경제발전의 결과가 달라진다. 경제발전은 인간이 만들어내는 것이며, 인간이 자신의 미래를 향한 열망과 노력, 성과에 대한 보상이 발전이다. 따라서 경제발전은 '발전의 정신(spirits of development)'이 매우 중요한 요소라는 점이다. 결국 경제발전은 자본과 노동의 양과 질 뿐만 아니라 사회구성원들의 정신적 자세가 중요하다.

사회구성원들이 발전의 정신이 있는가 없는가에 따라 발전의 성과는 차이가 난다. 여기서 중요한 점은 어떻게 발전의 정신을 갖도록 사회가 유인체계를 만들 것인가이다. 유인체계가 중요한 것은 저개발국이 안고 있는 '빈곤의 악순환(vicious circle of poverty)'의 고리를 끊고 발전의 선순환구조로 전환하는 핵심이기 때문이다. 이 유인체계의 핵심은 성과에 대한 합당한 보상이다. 즉 많은 성과를 낸 사람이 더 보상을 받도록 하는 체제다. 이 체제는 차별화의 원리로 결과의 평등을 추구하지 않는다. 그리고 차별화는 시장경쟁을 통해서 가능하다.

시장경쟁은 새로운 사실을 발견해내기 위한 절차(discovery procedure)로 경제활동에 대한 정보를 찾아내고 경제활동을 조화롭게 하는 기능을 한다.[18] 이처럼 시장이 발견의 과정에서 자연스럽게 차별화가 이루어진다. 즉 시장은 철저한 성과주의가 적용되면서 성과에 대해서는 보상하고 성과를 내지 못한 경제 주체는 퇴출시켜 차별화가 발생된다. 시장이 차별화의 주체이지만 차별화가 제도화되기 위해서는 제도적 장치가 필요하다. 이는 정부가 차별화의 제도적 장치의 주체가 되어 차별화 원리가 국가의 제도 속에 구현되어야 한다는 의미다. 즉 경제발전을 위해 정부도 시장과 마찬가지로 차별화의 기능을 수행해야 할 뿐만 아니라 시장의 차별화 기능을 촉진해야 한다.[19]19) 이처럼 시장과 정부의 차별화의 원리가 국민 대다수를 '하면 된다'는 자조(自助)정신을 무장시킨 요인이다.

1970년에 시작한 새마을운동은 경제개발 5개년 계획 과정에서 나타난 이중경제(dual economy)의 문제를 해결하기 위해 추진된 정부주도의 경제정책이다. 일반적으로 개발도상국이 개발 초기 이중경제의 특성이 강하게 나타난다. 즉 도시와 농촌 간 구조적 차이에 의해 발생하는 지역 간 격차, 생산측면에서 전통부문

---

18) 하이에크 저(민경국 외 역), 『법, 입법, 그리고 자유』, 자유기업원, 2020, p. 577.
19) 좌승희, "한국경제의 도약과 정체, 그리고 향후 과제", 『박정희 시대의 재조명』, 전통과 현대, 2006, pp. 41~46.

(traditional sector)과 근대부문(modern sector)[20] 간 발전 속도의 격차, 기술적 측면에서 농업부문은 전통재화 생산에 적합한 전통적 기술을 사용하고 제조업은 근대기술을 사용하며, 소비행태에서는 농촌지역은 주로 전통적 물품에 대한 소비로 도시지역은 근대적 물품에 대한 소비로 나타난다.[21] 따라서 새마을운동은 개발과정의 이중경제의 문제를 해결하기 위한 농업부문의 구조조정이라 할 수 있다.

농업 부문에서 구조조정의 핵심은 농민이 스스로 일어나는 발전 정신을 갖는 것이다. 새마을운동이 시작되면서 강조되었던 자조정신이 농업부문의 발전의 정신이다. 즉 '못사는 것도 내 책임이다'는 국민적 자각과 '하면 된다'는 신념과 자신감을 묶어낸 것이다. 이런 정신은 박정희 대통령이 새마을운동을 추진하면서 강조되었다.

"빈곤을 자기 운명이라 한탄하면서 정부가 뒤를 밀어주지 않아 빈곤 속에 있다고 자기의 빈곤이 타인의 책임인 것처럼 불평을 늘어놓는 농민은 몇 백 년이 걸려도 일어설 수 없다. 의욕이 없는 사람을 돕는 것은 돈 낭비이다. 게으른 사람은 나라도 도울

---

20) 일반적으로 전통부문은 주로 농업 부문을, 근대부문은 주로 제조업 부문을 의미한다.
21) 강성진, 『경제발전론』, 박영사, 2018, p. 310.

수 없다."[22]

새마을운동은 정부 지원으로 1970년부터 시작되었다. 정부는 전국 34,000여 개의 마을에 시멘트와 약간의 현금을 마을 규모에 따라 지급했다. 다음 해 성과를 평가해 성과에 미달한 18,000여 개 마을에 대해서는 이듬해 지원을 전혀 하지 않고, 성과를 달성한 16,000개 마을에 대해서는 시멘트와 현금 지원을 늘려 지원했다. "자력으로 새마을운동에 참여해서 성과를 내지 않으면 지원하지 않는다"는 방침이 세워지자 18,000개의 마을 중 6,000개의 마을이 자력으로 참여해서 100% 이상의 성과를 달성하자 다음 해에는 정부가 지원했다.

그리고 박 대통령은 참여도와 성과의 정도에 따라 참여도가 가장 낮은 기초마을, 좀더 열심인 자조마을, 가장 성과가 높은 자립마을로 구분하고, 물자지원은 자조마을과 자립마을에게만 지원하고 기초마을에는 지원하지 않았다.[23] 이는 정부가 농업부문의 구조조정은 성과를 중심으로 이루어졌다는 것을 의미하며, 성과중시가 발전의 정신과 결합하면서 새마을운동은 성공할 수 있었다.

---

22) 김정렴, 『아 박정희, 김정렴 정치 회고록』, 중앙 M&B, 1997, p. 257.
23) 좌승희 『박정희 시대의 재조명』 2006, pp. 53~55.

새마을운동의 추진과정

새마을운동이 시행된 직접적인 동기는 경제개발 과정에서 농촌의 피폐와 민심이반 때문이다. 특히 1967~1969년 3년간 한해(旱害) 때문에 농촌에 대한 정책지원의 필요성이 제기되었다. 1, 2차 경제개발 과정에서 국가의 재원이 공업발전에 치중하면서 상대적으로 농촌에 대한 투자와 정책이 극히 빈약한 상태였다. 그래서 처음에는 단순히 '새마을 가꾸기 운동'으로 출발했었다. 그 후 새마을운동이 전개되는 과정에서 농촌의 농업과 도시의 공업을 연관할 필요성과 효율성이 인정되어 새로운 동원방법이 강구되고, 시기적 상황에 따라 운영상의 변화가 도모되었다.

농촌 새마을운동의 추진

새마을운동은 박정희 대통령이 지방장관회의(1970. 4. 22.)에서 농촌지역 생활의 질을 개선하기 위해 추진된 지역사회 개발운동이다.[24] 이 제안을 기점으로 새마을운동은 전국민운동으로 확대되는 계기가 되었다.

---

24) 한국에서 지역사회개발운동은 1958년 부흥부 산하에 지역사회개발위원회가 설립됨으로서 처음으로 시작되었다.

"의욕적인 젊은 지도자를 중심으로 한 부락민의 협력과 이러한 노력과 협력을 위해 일선 행정 책임자의 사기진작 방안 연구와 지원을 도모토록 하고, 이런 운동은 새마을 가꾸기 운동이라고 해도 좋고 알뜰한 마을 만들기 운동이라고 해도 좋을 것이다".[25]

이에 '마을 가꾸기 사업'은 하나의 정책으로 입안되어 1970년 10월 1일 내무부가 주관하여 전국 읍면 동장에게 새마을 가꾸기 교육을 실시함으로써 마을 공동사업이 본격적으로 추진되었다. 그리고 다음해 6월 농가 소득증대의 필요성과 근대화 추진을 논의하고 동년 7월 새마을운동의 표어로 '근면·자조·협동'을 채택하였다.

새마을운동은 1차년도(1970~1971)에는 335포씩의 시멘트가 33,267개의 마을에 공급되었고, 국민들은 이 시멘트를 활용하여 마을 주위의 환경을 개량할 수 있었다. 주민들은 농한기인 겨울철에 도로와 교량의 확장과 개량, 소규모의 관개와 홍수 방지를 위한 구조물 건설·마을회관·공동 세탁장소·퇴비 저장고 등을 건설하여 생활환경 개선사업을 전개하였다. 사업의 선택과 수행수단들은 농민들에게 위임되었지만, 사실상 지방행정 관리들이 마을

---

25) 신낙균.『지역개발론: 새마을운동의 발전전략』, 법정학회, 1977, p. 185.

의 의사 결정에 지대한 영향력을 발휘하였다.[26] 정부는 1차년도의 생활환경 개선사업에 대한 평가를 바탕으로 1972년 3월 '새마을운동 추진협의회'를 구성 발족하였다.[27] 그리고 새마을지도자는 농촌근대화의 추진주체로서 중시되었고, 1972년부터 새마을지도자 연수교육을 실시하였다. 초창기 새마을지도자 교육은 농림부주관으로 전국의 농민 중에서 선발된 독농가를 대상으로 정신적 무장과 농어민 소득특별사업의 보편화를 통해서 농업의 고도화, 상업화로 농업근대화를 추구하려고 하였다.

그러나 새마을지도자 교육의 방향 내용 등이 박정희 대통령의 뜻에 따라 큰 변화가 나타났다. 첫째, 교육명칭을 농가교육에서 새마을교육으로 변경하였으며, 둘째, 여자 지도자들도 새마을교육을 받게 되었다. 셋째, 교육내용이 영농기술 습득을 위한 과목은 축소된 대신 지붕개량, 토목기술, 간이 상수도 설치기법, 부엌 개량법 등의 농촌생활 환경개선에 필요한 기술정보를 제공하는 시간이 늘어나게 되었다. 넷째, 새마을 성공사례가 강조되었는데, 성공사례의 내용은 재배기술 등 영농에 관한 사례보다는 주민

---

26) 이만갑, 한국 농촌사회 연구, 다락원, 1978, pp. 248~249.

27) 「새마을운동추진 협의회」는 대통령령 614호(1972. 3. 17)에 의거 조직되었다. 중앙정부수준에서 중앙협의회가 각종 시책을 종합, 조정, 체계화하는 기능을 하며, 시·도에서는 시도협의회, 군에서는 군협의회, 읍·면에서는 읍면추진협의회가 마을단위에서는 리·동개발위원회가 구성됨으로써 총력 추진체제가 구축되었다.

들의 단합된 힘으로 이룬 협동사업 위주로 이루었다. 다섯째, 국민교양과 국민정신에 관한 과목 즉 국가안보, 국민경제, 정치체제 등에 관한 규범적, 통제적 내용이 확대·강조되었다.

공장 새마을운동의 추진

1974년 이후 새마을운동은 사업영역과 대상이 점차 확대되었다. 1973년 1월 1일 박정희 대통령은 공장 새마을운동의 필요성을 주장하였다.

> "근면, 자조, 협동의 새마을정신을 농촌과 도시의 구별없이 각기 자기의 생활영역에서 발휘하여 농촌에서는 소득증대에 기업가는 경영합리화에 그리고 근로자는 생산증강에 각기 전념함으로써 국력배양에 이바지해야 하겠습니다."[28]

공장 새마을운동이 제기된 후 처음 36명의 기업인이 새마을교육을 받았다. 이후 1974년부터 연수참가 인원이 본격적으로 증가하고 공장 내에서 새마을운동이 활발하게 전개됨으로써 새마을운동의 활동이 농촌에서 도시로 그리고 직장과 공장으로 확산되

---

28) 대통령 비서실, 『새마을운동: 박정희 대통령 연설문선집』, 고려서적, 1978, p. 304.

62

기 시작하였다. 농촌 새마을운동이 주민의 자발적 참여와 외부로부터의 지도, 지원을 통해서 지역사회의 문제점을 해결하고 국가발전에 기여하도록 하자는 취지에서 시작된 운동이다. 반면 공장 새마을운동은 새마을운동의 일환으로 1974년부터 시작된 공장 중심의 새마을운동이다. 공장 새마을운동은 능률의 원리를 바탕으로 한국적인 기업윤리관의 확립과 생산성 향상을 통해 종업원의 소득증대와 지역 새마을운동과 사회적 통합과정을 거쳐 국력 조직화에 기여하는데 목표를 두었다.[29] 한편 공장 새마을운동은 상공부 산하에 하부조직이 없기 때문에 농촌 새마을운동과 다르게 조직될 수밖에 없었다. 공장 새마을운동의 추진 주체인 상공부에 의결기관인 공장추진협의회를 두었다.

그러나 이 기구만으로는 공장 새마을운동을 전담할 수가 없어 1977년 2월 대한상공회의소 내에 '공장 새마을운동 추진본부'를 설치함으로써 공장 새마을운동의 독자적 추진체계가 확립되었다. 공장 새마을운동 추진본부는 산하조직으로 필요한 지역에 공장 새마을 추진협의회와 공장 새마을운동 추진지부를 두었다. 또한 추진본부 아래 행정지역에 따른 시·도 공장 새마을 추진협의회를 설치하고 지방상공회의소와 주요공업단지에 추진 지부를 두었다.[30]

---

29) 내무부, 『새마을운동 10년사』, 1980, pp. 249~251.
30) 임경택, 『한국 권위주의 체제의 동원과 체제에 관한 연구』, pp. 151~153.

공장 새마을운동의 핵심적 조직은 분임조 활동이다.[31] 분임조
는 어떤 공정에 근무하는 10명 내외의 종업원으로 구성된 소규모
의 작업반이다. 기업이 생산성 향상의 주역인 분임조는 생산공정
의 개선, 품질관리, 무결점운동(zero defects movement), 에너지·원
자재 및 경비 절감, 기술혁신 등의 역할을 담당하였다. 이처럼 공
장 새마을운동은 상공부가 상공회의소의 조직을 활용함으로써
각 지역의 공장 단위까지 공장 새마을운동에 대한 정책을 지시,
하달하고 동원할 수 있는 조직을 제도화할 수 있게 되었다.

<표 3> 공장 새마을운동 참여 업체 현황

구	1973~76	1977	1978	1979
참여공장	1,500 (시범업체)	10,000 (10인 이상)	20,000 (10인 이상)	15,000 (10인 이상)

자료: 공장 새마을 추진본부, 『공장 새마을운동 업무현황』, 1983, p.103.

---

31) 기업에서 분임조 운영은 1970년 초 생산성 저하에 대처하고 수출상품의 품질
수준과 표준화에 대한 국제시장의 요구에 대응하기 위하여 품질관리분임조가
효시이다.

새마을운동의 추진 성과

새마을운동은 농촌부흥을 위한 사업에서 출발하였다. 그러나 새마을운동은 한국사회의 변혁을 통해 국가를 근대화시키려는 범국민적 사회운동으로 발전하였다. 새마을운동은 경제개발과 정신개발을 병행하면서 한국 근대화의 원동력이 되었다.[32] 특히 1970년대 새마을운동은 '잘 살아 보세'라는 기치 아래 짧은 기간에 절대적인 빈곤문제[33]를 해결하고 '농촌근대화'라는 가시적 성과를 거두었다. 새마을운동은 농촌에서 도시로 파급되면서 대다수의 국민들이 참여하여 명실상부한 국민운동으로 평가받았다. 그리고 새마을운동은 중국, 미얀마, 아프리카 등 저개발국가의 발전모델로도 활용되면서 국제화되었다.

새마을 가꾸기 운동으로 시작한 새마을운동은 가시적 효과를 통해 농민들의 의식혁명을 유발한다는 의도로 환경개선 사업에 박차를 가했고, 나아가 잘 살기 운동으로 생산기반 조성과 소득증대 사업을 추구하였다. 정부의 강력한 의지와 참여를 유도함으로써 새마을사업은 마을별로 필요한 사업을 추진하였는데 연도별 주민참여 현황은 <표 4>와 같다.

---

32) 정갑진, 『1970년대 한국 새마을운동의 정책 경험과 활용』, 한국개발연구원, 2009, p. 1.

33) 이때 농촌은 4~5월이면 어김없이 식량이 부족해 6월 보리를 추수할 때까지 식량부족이 심각했다. 이런 현상을 '보릿고개'라 불렀고, '보릿고개'는 당연히 사회문제로 대두될 수밖에 없었다.

<표 4> 주민참여 현황

연도별 구분	참여 마을 수	참여인원(천명)	사업건수(천건)
계	355,512	1,125,176	13,106
1971	33.267	7,200	385
1972	34,665	32,000	320
1973	34,665	69,280	1,093
1974	35,031	106,852	1,099
1975	36,547	116,880	1,598
1976	36,557	117,528	887
1977	36,557	137,193	2,463
1978	36,257	270,928	2,667
1979	36,271	242,078	1,708
1980	35,695	25,237	806

자료: 새마을운동 중앙회, 『새마을운동 30년 사료집』, 2000, p. 11.

새마을운동은 이념, 철학, 기능, 역할, 사업 내용 등에 따라서 시기를 구분할 수 있다. 제 1단계는 1970년에서 1973년까지의 기반조성 단계이다. 이 시기의 역점사업은 환경개선사업, 소득증대사업, 의식개혁사업이다. 제2단계는 사업 확산 단계로 1974년부터 1976년까지의 기간으로 이 기간 동안 새마을운동은 소득증대사업에 가장 큰 역점을 두고 시행되었고, 국민의식개혁과 환경개선사업을 같이 추진하였다. 이어서 새마을운동은 1977년부터 1979년까지의 효과 심화 단계로 새마을운동의 실행주체의 단위별 특성화가 부각되었다. 이 시기 새마을운동의 역점사업은 농촌

의 경우 소득증대와 문화 복지시설 확충이었고, 도시의 경우 물자
절약과 생산성 향상과 노사관계의 개선이었다.[34] 특히 농촌지역
의 소득증대 사업은 결실을 거두기 시작하였다. <표 5>에서 보는
것처럼 1970년의 농가소득은 25만 5천 원으로 도시근로자 소득
38만 1천 원의 67%의 수준에 불과하였으나 1974년부터 농가소
득이 도시근로자의 소득을 능가하기 시작하였다.

<표 5> 도시 근로자 소득 및 농가소득 비교   (단위: 원)

연도별	도시근로자	농가(B)	B/A(%)
1970	381,240	255,804	67.1
1971	451,920	356,382	78.9
1972	517,440	429,394	83.0
1973	550,200	480,711	87.4
1974	644,520	674,451	104.6
1975	859,320	873,933	101.6
1976	1,151,760	1,156,300	100.4
1977	1,405,080	1,432,800	102.0
1978	1,916,280	1,884,200	98.3

자료: 내무부, 『새마을운동: 시작에서 오늘까지』, 1979, p. 123.

한편 새마을운동은 생산기반시설의 확충, 소득증대, 복지환경
개선, 농어촌 전화사업 등의 사업을 꾸준히 추진하여 기간 중 일
정 수준이상의 성과를 거두었다고 평가된다. 기간중 새마을운동

---

34) 새마을운동 중앙회, 『새마을운동 30년 사료집』, 2000, pp. 3~10.

의 추진실적을 <표 6>에서 보는 바와 같다.

<표 6> 새마을운동 추진 실적

사 업 명	단 위	총목표 (71설정)	79까지 누계		80실적	80까지 누계	
			실적	%		실적	%
마을안길확장	Km	26,266	43,506	165	52	43,558	166
농로 개설	〃	49,167	61,201	124	596	61,797	126
소 교량가설	개소	76,749	76,195	99	3,321	79,516	104
마을회관	동	35,608	35,950	101	1,062	37,012	104
창고	〃	34,665	21,792	63	351	22,143	64
작업장	개소	34,665	5,755	17	508	6,263	18
축사	〃	32,729	4,352	13	124	4,476	14
소류지	개소	10,122	13,079	129	248	13,327	132
보	〃	22,787	29,131	128	2,494	31,625	139
도수로	Km	4,043	4,881	121	280	5,161	128
소 하천 정비	〃	17,239	9,180	53	497	9,677	56
주택 개량	천동	544	185	34	40	225	42
취락구조개선	마을	-	2,102	-	645	2,747	-
소 도읍가꾸기	도읍	1,529	748	49	95	843	55
간이 급수	개소	32,624	23,764	73	4,366	28,130	86
하수구 시설	Km	8,654	14,758	170	801	15,559	179
농어촌 전화	천호	2,834	2,777.5	98	2,777.5	-	98
마을 통신 (행정리. 동)	리.동	18,633	18,633	100	-	18,633	100
자석식 전화시설	〃	(36,313)	(24,633)	(68)	(5,552)	(30,185)	(83)
	회선	-	345,240	-	60,000	405,240	-
새마을공장	공장	950	666	70	51	717	75
마을조림	ha	967,362	569,804	59	73,000	642,804	66

자료: 새마을중앙회, 『새마을운동 30년 사료집』, p. 12.

68

새마을운동에 대한 부정적 평가

새마을운동은 이중경제의 문제를 해결하고 근면, 자조, 협동의 새마을정신과 '하면 된다'는 발전의 정신은 산업화를 위한 정신적 자산으로 기능을 했다. 그러나 좌파학자들은 새마을운동이 박정희 대통령의 체제유지를 위한 수단으로 악용되었고 경제적 성과도 거의 없었다면서 부정적으로 평가한다. 우선 경제적 동기에 대해 평가가 부정적이다. 즉 이들은 새마을운동이 시작된 동기는 과잉생산 상태에 있던 시멘트 재고를 처분하기 위해 새마을운동을 시작했다고 억지를 부린다. 물론 이들도 농촌은 농한기에 노름이나 음주 등으로 소일하는 일종의 '퇴폐적 정체' 상태에 있었기 때문에 새마을운동을 통한 지붕개량 사업이나 소득증대 활동 등이 농촌에 활력을 불어넣는 계기가 되었던 것은 사실로 인정하고 있다.[35]

그러나 정치적 동기는 매우 부정적이다. 이들은 새마을운동이 시작될 당시 체제의 위기와 함께 국민적 동의의 기반이 많이 약화된 상태였기 때문에 이를 보완하려는 정치적 동원 운동의 성격이 짙었다고 진단하고 있다. 즉 이들은 1960년대 경제개발은 이농(離農)과 함께 농촌경제의 몰락을 초래하면서 농민들이 반(反)정부적 태도를 가질 우려가 있었고, 만일 농촌의 지지기반이 붕괴되면 이

---

35)『박정희와 개발독재시대』, 역사비평사, 2007, p. 163.

는 곧 정권의 붕괴로 이어질 수도 있었다고 진단했다. 그래서 박정희 대통령은 새마을운동을 통해 국가 재정의 일부를 농촌에 배분함으로써 외형적인 변화를 끌어내려고 한 것이다.

그리고 새마을운동과 함께 이중곡가제(二重穀價制)를 도입해서 하락하던 농촌 소득기반을 유지하고자 했다. 이중곡가제란 정부가 쌀 등의 주곡을 비싼 가격으로 구매한 뒤 소비자에게 싼 값으로 판매하는 제도다. 이는 농가소득을 증대시키기 위한 목적으로 도입되었다.[36]

또한 참여의 자발성에 대해서도 부정적이다. 이들도 새마을운동이 농촌재개발이나 근대화를 위한 국가재정을 배분한 사업이었다는 점, 그리고 개발주의에 따른 농촌경제의 급속한 붕괴를 저지하기 위한 보완정책의 성격이 있었다는 점을 인정하고 있다. 하지만 새마을운동이 지닌 정치적 동원의 성격을 부각시키는 것도 잊지 않았다. 즉 새마을운동은 정부로부터 면밀한 기획과 통제가 작용한 운동이었기 때문에 대중 참여를 순수한 자발성으로만 해석할 수 없다면서 비판하고 있다.

---

36) 조희연, 『박정희와 개발독재시대』, 역사비평사, 2007, pp. 164~165.

이 비판의 근거로 1972년 3월 7일 새마을중앙협의회 출범 당시 내무부 장관이 위원장을 맡았고, 운동 확산을 위해 내무부 문화공보부 등 정부 부서의 동원, 시도교육위원회와 각급 교육청에는 새마을교육담당관 혹은 장학사 등을 의무적으로 두도록 했고, 방송도 적극 활용했다는 점을 지적한다.[37] 그러나 이들은 새마을운동이 산업화 과정에서 나타난 불균형과 갈등을 상쇄하려고 마련한 전략적 장치였다는 사실을 시인하고 있다.[38]

그러나 좌파들의 주장처럼 새마을운동은 박정희 대통령 집권 기간 농촌 지역의 지지 기반을 일정 부분 유지시켜 주었다는 점을 부인할 수 없다. 위로부터의 동원과 산업화 보완정책으로서 새마을운동이 일정한 성과를 얻었다고 인색하게 평가하고 있다. 하지만 좌파들이 대내적으로 부정적 평가를 하고 있음에도 불구하고 대외적 평가는 긍정적이다. 이는 좌파들의 평가가 편향적 시각에서 이루어진 평가였다는 사실을 입증한다. 특히 새마을운동은 국외에서 높은 평가를 받고 있다는 점은 새마을운동이 경제개발의 성공모델로 인정받았으며, 개발도상국들은 새마을운동의 성공 경험을 전수받고자 한다는 점을 주목해야 한다. 바로 새마을운동의 성공 경험이 현재 개발도상국이 직면하고 있는 상황을 극복할 돌파구를 제공해줄 수 있다고 평가하기 때문이다. 개도국

---

37) 조희연, 『박정희와 개발독재시대』, 역사비평사, 2007, pp. 166~168.
38) 조희연, 『박정희와 개발독재시대』, 역사비평사, 2007, p. 68.

들이 바라는 것은 새마을운동의 경험으로부터 동기부여를 통한 자생적 발전 모델, 농촌지역의 빈곤퇴치 등의 교훈을 얻어 자국 실정에 맞게 적용하려고 한다. 바로 선진국이나 국제기구에 의해 이식된 개발사업이 아니라 새마을운동의 경험을 벤치마킹하고자 한다는 의미다. 실제로 중국도 한국을 방문해 새마을운동을 배운 것으로 알려지고 있다. 또한 동남아시아와 아프리카, 남미 등의 국가들이 새마을운동의 경험을 전수받고자 한다.[39] 이처럼 좌파들은 새마을운동에 대한 평가는 균형감각을 상실한 채 왜곡으로 일관해 왔다.

천리마운동

왜 북한은 천리마운동을 하였는가?

북한은 6·25 전쟁 직후 전후 복구발전 3개년 계획(1954~1956)을 추진하였다. 이 계획을 통해 사회주의 체제 정립의 토대를 마련하고, 이후 경제계획을 통해 본격적으로 사회주의 경제발전을 도모하는 것이다. 이를 위해 농업 및 상공업의 집단화(협동화)와 함

---

39) 손혁상 외, 「새마을운동의 국제개발협력 사업화 현황: 분석과 대안적 접근 모색」,『세계지역연구논총』29집 3호, 2008, pp. 88~89.

께 사회주의 공업화를 통해 사회주의 국가를 완성하고자 했다. 사회주의 공업화 과정에서 중공업 우선 발전노선인가, 경공업 우선 발전노선인가의 노선투쟁이 있었다.[40] 김일성 중심의 중공업 우선 발전노선이 채택되면서 북한의 공업생산력이 급속히 성장했다. 이 기간 동안 공업 총생산액은 1953년 대비 2.8배, 농업생산액은 8.2% 증가하였다.[41] 물론 이런 성장은 북한 경제의 자생력으로 달성한 것이 아니라 소련, 중국, 동구권의 전후 복구 원조에 의한 것이다.[42] 3개년 계획 후 북한은 5개년 인민경제발전계획(1957~1961)을 추진하였다. 5개년 계획은 소련, 중국, 동구권의 원조를 기초로 한 '원조 의존형 발전 계획'이었다.

그러나 이들 국가로부터 원조가 격감하자 국내의 자본과 노동력을 중심으로 한 발전계획으로 수정이 불가피했다. 이처럼 대외 환경의 변화 때문에 불가피하게 선택한 정책이 대중 동원(군중 노선)의 노력 경쟁방식이며, 이 방식이 천리마운동이다.[43] 천리마운동은 1956년 12월 노동당 중앙위원회 전원회의에서 채택되었다. 김일성은 5개년 계획(1957~1961) 직전, 소련과 중국의 원조가 격감하자 노동력 투입을 통한 사회주의 자본축적, 경제발전 전략을 구

---

40) 북한은 이 노선 갈등은 '종파투쟁'이라고 한다. 김일성은 종파투쟁에서 승리한 이후 유일지배체제를 강화하기 시작했다.
41) 조영기, 『정치가 지배하는 북한경제』, 한반도선진화재단, 2020, p. 121.
42) 조영기, 『정치가 지배하는 북한경제』, 한반도선진화재단, 2020, p. 119.
43) 조영기, 『정치가 지배하는 북한경제』, 한반도선진화재단, 2020, p. 120.

사한 것이 천리마운동이다. 천리마운동에 의한 성장을 외연적 성장(extensive growth)이라 한다. 이를 위해 김일성은 강선제강소를 방문한 자리에서 '내부 예비를 최대한 동원하여 더 많은 강제를 생산하자'면서 노력 경쟁을 독려하였다.[44] 한편 외연적 성장 초기에는 노동투입이 증가하면서 생산량도 빠르게 증가한다. 하지만 일정 기간이 지나면 생산효율이 떨어지면서 성장이 한계에 봉착할 수밖에 없다. 그러나 김일성은 생산성 향상을 위한 자본 및 기술도입은 외면하고 자력갱생에 치중했다.

천리마운동은 공장 생산자에게 생산량 증산을 주문한 노력경쟁 운동이다. 이처럼 북한이 대대적인 노력경쟁 운동을 주문한 배경은 국내정치와 경제적 요인과 대외적 요인이 결합된 복합적 요인이 있다. 첫째, 원조 의존형 경제계획의 차질 때문이다. 즉 5개년 계획을 추진하는데 필수적인 소련, 중국 등의 원조가 대폭 감소되면서 가용한 노동력을 최대한 동원해 계획목표를 달성할 수밖에 없었다.[45] 둘째, 종파투쟁에서 승리한 김일성은 중공업 우선 정책을 적극 추진하였다. 중공업 우선정책은 김일성의 정치적 지지기반이었다. 따라서 강선제강소 방문은 중공업 우선 정책의 상징이었고, 천리마운동은 중공업 우선 정책을 추진하는 수단으로

---

44) 김일성, "강선제강소 지도일군 및 모범 로동자들의 협의회에서 한 연설" (1956. 12. 28.), 『김일성 저작집 10권』, 노동당출판사(평양)
45) 북한연구소, 『북한총람』, 1983, pp. 972~973.

기능했다. 이런 점에서 천리마운동은 김일성의 정치적 기반을 다지기 위한 필요성 때문에 추진되었다.

물론 김일성은 "중공업 우선 발전과 경공업과 농업을 동시 발전시키는 사회주의 경제 건설의 기본 노선"이라고 주장했다.[46]46) 셋째, 스탈린(Stalin) 사망 후 흐루시초프(Khrushchyov) 주도로 스탈린 격하운동이 진행되면서 국제 공산주의 운동에서 탈(脫)스탈린주의가 전개되었다. 이때 북한은 소련과 중국 간의 갈등 속에서 새로운 외교관계를 해야만 했다. 따라서 천리마운동은 한국전쟁 후 인민 경제를 전전의 수준으로 복구시키는 과정에 제기된 정치·경제적 문제와 대외문제를 극복하기 위한 군중노선이다.[47]

---

46) 김일성, 『김일성저작집』 10권, 노동당출판사(평양), p. 94.
47) 사회과학연구원, 『경제사전 II 』, 사회과학출판사(평양), 1985, p. 490.

천리마운동의 전개

천리마운동은 사회주의 공업화를 독려하기 위한 노력경쟁운동이다. 이를 위해 김일성은 5개년 계획(1957~1961) 직전 "천리마를 탄 기세로 달리자"라는 구호를 제시하면서 시작되었다.[48] '천리마를 탄 기세'란 노력경쟁을 통해 생산량을 증대시키기 위한 구호이다. 김일성은 "결코 느린 걸음을 걸을 수 없으며 남보다 몇 배, 몇 십 배 더 빨리 달려 나가야 한다"고 노력경쟁을 독려했다.[49]

또한 "광범한 대중의 혁명적 열의를 불러일으키지 않고는 다음 해 계획을 성과적으로 수행할 수 없으며 사회주의 건설의 대 고조를 이룩할 수 없음"은 물론 "사회주의 건설에서 우리의 승패는 지휘 성원들이 인민대중을 어떻게 조직 동원하는가에 크게 달려 있다"고 지적하였다.[50] 그리고 김일성은 회의 직후 강선제강소 방문 후 황해제철소와 김책제철소 등 중요 공장·기업소와 농어촌을 현지 지도하면서 천리마운동의 확산을 독려하였고, 천리마운동은 북한의 노력경쟁의 기본적 방식으로 정착되었다. 특히 김일성은 강선제강소를 방문해 1957년부터 시작되는 경제계획을 수행하기 위해 계획보다 강재 1만 톤 추가 생산을 요구했다. 이에 부

---

48) 노동당중앙위원회 제3기 4차 전원회의(1956. 12. 11.)에서 채택되었다(사회과학연구소,『경제사전 II』, 사회과학출판사(평양, 1985, p. 490.).

49) 사회과학연구원,『경제사전 I』, 사회과학출판사(평양), 1985, p. 689.

50) 김일성, '사회주의 건설에서 혁명적 대고조를 일으키기 위하여',『김일성저작선집 10권』노동당출판사(평양), p. 48.

응하여 강선제강소 근로자들은 강편 6만 톤 생산 능력에서 12만 톤을 생산하였다. 그리고 김책제철소에서도 연간 19만 톤의 능력을 가진 설비로 27만 톤의 선철을 생산하였다.[51] 이처럼 생산설비를 초과하는 생산량을 주문한 것은 천리마 속도로 돌진해 2년 이내에 일본의 산업 생산량을 따라 잡는다는 계획이 담겨있다.[52]

한편 천리마운동은 노력경쟁이라는 본래의 목적을 넘어 공산주의형 인간개조 운동으로도 활용됐다는 특징이 있다. 즉 김일성은 천리마운동을 '사회주의 건성의 적극분자로 만드는 하나의 공산주의 교양 운동'으로 규정했다.[53] 따라서 북한의 천리마운동은 선전·선동에 의한 동원체계를 활용하여 사회주의적 이데올로기를 달성함과 동시에 경제발전에 필요한 노동력을 동원하는 체계이다. 천리마운동은 동원대상인 개인을 최대한 조직하기 위해 이데올로기를 강화함으로써 개인은 공적 목적을 달성하기 위한 동원·통제의 대상으로 여겨 개인의 자율성은 최소화하였다.

초기 천리마운동이 개인의 물질적 유인을 중시하는 경향으로 변경되면서 집단적 요소가 약화되는 경향이 나타나자 사회주의적 이데올로기를 강화하기 위해 1959년 천리마작업반운동을 재개하였다. 천리마운동이 개인의 혁신에 의한 새로운 기술적 기준

51) 사회과학연구원, 『경제사전 II』, 사회과학출판사(평양), 1985, p. 490.
52) 프랑크 디쾨터(고기탁 옮김), 『독재자가 되는 법』, 열린책들, 2021, p. 279.
53) 김일성, 『김일성저작선집 22권』, 노동당출판사(평양), p. 261.

량 생산에 목표를 두었다면 천리마 작업반운동은 집단적 혁신에
의해 생산량을 증대시키는 노력향상(경쟁) 운동이다.

즉 천리마 작업반운동은 '대중의 집체적 지혜와 총명과 애국
적, 창조적 노력에 기초한 기술적 혁신에 근거하여 하나의 집단,
나아가서는 전체 기업소 성원들을 생산 혁신 대열이 달성한 높은
수준에까지 끌어올리기 위한 대중적 사회주의 경쟁 운동'으로 규
정되었다.[54]

따라서 천리마 작업반운동은 개인적 혁신 운동을 공산주의적
인간 개조 사업을 통해 집단적 혁신운동으로 전환한 것이다. 이는
사회주의적 생산관계에서 생산력의 혁신적 발전에 '결정적 역할
을 하는 것은 생산자의 의식'이라는 인식으로 전환되었다는 것이
다. 따라서 북한은 물질적 유인(material incentive)보다 정치·도덕
적 자극(moral incentive)의 역할을 더 중시하게 부여하게 되었다.
북한은 정치·도덕적 자극을 강조하는 것을 '사람과의 사업'이라고
하며, 이를 위해 사상·기술·문화의 3대 혁명을 중심과업으로 채
택했다.[55]

'사람과의 사업'은 5개년 계획을 추진할 수 있는 역할을 하면서

---

54) 한상두. "사회주의 건설을 촉진시키기 위한 집단적 혁신 운동의 발전을 위하
여", 『근로자』 6호, 노동당출판사(평양), 1958, p. 54.
55) 김일성, 『김일성저작집 22권』, 노동당출판사(평양), p. 265.

사회주의 공업화의 기반을 마련하게 되었다. 이처럼 천리마운동은 사회주의 건설과정에서 공산주의적 인간형으로 개조하기 위한 사상 부문의 개조운동이고, 집단적인 기술혁신과 신기술 습득을 권장한 기술혁신운동이며, 생활개선을 위한 운동이다. 이러한 의미에서 천리마운동은 정권 초기나 전후복구기의 일시적인 시기에만 실시된 것이 아니라 사회주의 건설의 전 기간에 걸쳐 진행되는 지속적인 대중운동이며, 북한노동당 사회주의 건설의 총노선이 되었다.

또한 1972년에 채택된 북한의 사회주의 헌법은 천리마운동의 지속성을 명시하였다.[56] 그러나 1992년 헌법은 김정일 집권의 합리화를 위하여 천리마운동이 아니라 '3대 혁명 붉은기 쟁취 운동'이 명기되어 있다. 이것은 북한이 3대 혁명 붉은기 쟁취운동을 천리마 작업반 운동보다 높은 형태의 대중운동으로 규정[57]한 것이며 천리마운동이 사회주의 총노선에서 차지하는 지위가 상대적으로 약화되었다는 것을 의미한다.

---

56) "국가는 천리마운동을 끊임없이 심화 발전시켜 사회주의 건설을 최대한으로 다그친다."(북한사회주의 헌법 제13조. 1972)

57) 사회과학연구원,『경제사전 II 』, 사회과학출판사(평양), 1985, p. 27~28.

천리마운동의 성과

천리마운동은 정치·도덕적 자극을 통한 노동 투입에만 의존하는 외연적 성장전략이다. 이런 외연적 성장의 특징은 초기에는 높은 성장을 기대할 수 있지만 높은 성과가 결코 지속되지 못한다는 점이다. 노동의 한계생산력이 체감되는 현상을 기술로 보완해주어야만 성장을 지속할 수 있기 때문이다. 즉 기술적 조건이 결여된 상태에서 정치·도덕적 자극에만 의존하는 사상 위주 사업은 한계에 직면할 수밖에 없다. 외연적 성장전략 덕분에 5개년 계획은 공업 총생산액 3.5배 증가, 36.6%의 연평균 성장률을 달성하는 성과로 계획 기간을 1년 단축하였다.[58]

그러나 이후의 경제발전 계획은 계획 목표를 달성하지 못해 계획 기간을 연장할 수밖에 없었다. 특히 경제계획은 소비재 생산을 계획대로 달성하지 못하고, 산업 부문 간 불균형과 구조적 문제점도 노출되었다. 종파투쟁 이후 김일성의 유일체제가 강화되면서 당내의 정치적 내부 역동성이 약화되면서 획일성이 더욱 강화되었다. 즉 발전전략의 선택 가능성과 다원성이 사라져 대안적 발전 동력 자체의 공간을 축소시키는 경제의 정치화 현상이 심화되었다. 결국 천리마운동이 북한경제의 발전 동력을 상실케 하는 요인이었다. 한편 천리마운동이 진행되는 기간 동안 북한은 기대에 부

---

58) 조영기, 『정치가 지배하는 북한경제』, 한반도선진화재단, 2020, pp. 120~121.

응하지 못한 노동자들을 '방해 공작원'으로 고발했다. 1958년 10월부터 1959년 5월 사이에만 약 10만여 명이 '적대분자나 반동분자'로 고발되었다.[59]

그리고 천리마운동은 주체사상과 결부되면서 경제적 자립 개념인 '자력갱생'과 '자주단결'이 빠르게 확산되었다.[60] 그러나 북한은 천리마운동을 주체사상과 결부시키면서 신성불가침의 노력경쟁운동의 전형으로 격상시켰다. 그리고 천리마운동은 정치경제적 문제가 발생할 때마다 명칭을 달리하면서 그 명맥을 지금까지 이어오고 있다. 즉 '천리마 작업반운동', '천리마 속도전 운동', '3대혁명 붉은기 쟁취운동', '80년대 속도 운동', '희천속도', '강선속도' 등이다. 특히 김정일체제가 출범하면서 천리마운동은 '제2의 천리마대진군운동'[61]을 대대적으로 전개하였다. 김정일이 '제2의 천리마대진군'을 주창한 배경은 노력동원을 통해 '(소위) 고난의 행군'을 극복하기 위한 구호다. 또한 김정일은 '제2의 천리마대진군'을 통해 '사회주의 강성대국'의 국가목표를 달성하고자 했다. 이를 위해 김정일은 일상적으로 반복되었던 천리마 속도전을

59) Andrei Lankov, Crisis in North Korea: The Failure of De-Stalinization, 1956, Honolulu Uni. of Hawaii' Press, 2005, p. 182.
60) 프랑크 디쾨터(고기탁 옮김), 『독재자가 되는 법』, 열린책들, 2021, p. 282.
61) '제2의 천리마 대진군운동'은 김정일이 1998년 1월 자강도의 강계 트랙터 공장을 방문 후 자력갱생 강행군을 '강계정신'으로 개념화한 것에서 출발한다. 이때 김정일은 '강계정신'을 강조하였는데, '강계정신'은 김일성이 천리마운동을 할 때 강조한 '강성정신'을 모방한 것이다.

'제2의 천리마대진군'운동으로 강화해 경제 선동과 노력동원 체제를 재정비하고, 종국적으로 강성대국을 완성한다는 것이다.

천리마운동이 초기의 성과에도 불구하고 이후 초기의 성과가 지속되지 못한 원인은 천리마운동이 가지고 있는 내재적 문제 때문이다. 우선 천리마운동은 타율적 강압적 정치·도덕적 자극이 반복되면서 생산현장에서 정치·도덕적 자극이 하향적 일상적 선동구호로 변질되면서 생산성 향상에 전혀 도움이 되지 않았다. 또한 천리마운동이 주체사상과 결부하면서 정치·도덕적 자극이 획일적 경직적 노력경쟁운동으로 변질되면서 경제운용이 더욱 획일적 폐쇄적 구조가 고착되면서 경제적 동기가 사라졌다.

따라서 정치·도덕적 자극 중심의 동원체제[62]가 물질적 자극 중심의 동원체제로 전환하지 않는 한 천리마운동의 성과를 기대할 수 없다. 1956년 시작된 천리마운동의 획일적 폐쇄적 구조는 아직도 지속되고 있다. 이런 획일적 폐쇄적 구조가 만든 결과는 김일성 유일체제의 고착화, 구조적·만성적 경제위기의 지속, 산업생산 가동율의 저하, 산업의 불균형적 발전 등이다. 1990년대 중반의 (소위) 고난의 행군도 천리마운동의 폐쇄적 획일성이 만든 결과물이다.

---

62) 정치·도덕적 자극 중심으로 운영되는 경제를 '경제의 정치화' 현상이라고 할 수 있다. '경제의 정치화' 현상과 관련된 내용은 다음을 참고(조영기, 『정치가 지배하는 북한경제』, 한반도선진화재단, 2020.)

···················· **새마을운동과 천리마운동의 비교 평가**

새마을운동과 천리마운동의 차이점

한국에서 1970년 지역사회 개발운동으로 시작한 새마을운동은 전국적 국민운동이었다. 새마을운동은 농민들의 의식개혁과 환경개선, 소득증대를 목적으로 농촌에서부터 출발하였으나 농촌의 성공사례를 전국적으로 확산하였다. 반면 북한은 사회주의 공업화를 위해 5개년 계획(1957~1961) 직전 천리마운동을 전개하였다. 천리마운동의 궁극적 목표는 노력동원 체제를 통해 사회주의 경제를 건설하는 것이다. 원조 격감으로 인한 대안의 발전전략이 국내 자본과 노동을 중심으로 한 내부축적이었다. 특히 자본이 빈약한 상황에서 김일성은 대중동원의 노력 경쟁운동을 선택할 수밖에 없었다.[63] 노력 동원의 구호가 천리마운동이다.

새마을운동과 천리마운동은 정부 주도로 이루어진 노력동원이며, 전국민 운동 차원으로 확산시키고자 노력했다는 유사점이 있다. 그러나 남북한의 체제 차이만큼이나 새마을운동과 천리마운동도 여러 측면에서 차이가 있다. 즉 운동의 목표와 성격, 추진과정, 참여 및 경제정책 방향, 세부운용 결과 등에서 뚜렷한 차이를 보여준다.

---

63) 조영기, 『정치가 지배하는 북한경제』, 한반도선진화재단, 2020, p. 120.

우선 새마을운동과 천리마운동은 목표와 추진방식에 차이가 있다. 새마을운동은 1960년대 경제개발 과정에서 소외된 농촌의 생활환경 개선과 소득향상을 위한 사회개발운동으로 추진되었다. 반면 천리마운동은 노동 중심의 중공업 우선노선을 추진하기 위한 군중노선이다. 군중노선은 사회주의 국가들이 자본 부족의 상황을 극복하기 위해 정치·도덕적 자극을 통해 노동력 동원에 의존하는 방식이다. 이처럼 새마을운동은 사회개발운동으로 추진되면서 '근면·자조·협동'의 자율성이 강조되었다.

반면 천리마운동은 사회주의 군중노선에 의한 집단적 혁신운동으로 추진되었다. 군중노선을 위해 동원된 구호가 '강성 정신'이다. 특히 천리마운동의 '강성 정신'이 주체사상과 결부하면서 경제적 자립인 자력갱생이 발전전략으로 채택되었다. 자력갱생은 내부자원이 부족한 상황에서 노동력 동원에 의한 자본축적을 도모하는 발전 전략이다. 따라서 자력갱생은 국내의 자원을 최대한 활용하는 생산방법을 채택하게 되었다. 자력갱생에 의한 생산방법은 주체 철처럼 '주체'라는 수식어가 붙었다. 물론 이런 생산방법은 경제적 효율성이 전혀 없었다.

그리고 새마을운동과 천리마운동은 운동의 대상과 방향이 다르다. 즉 새마을운동은 농촌지역이 운동의 대상이었다. 그리고 농촌지역의 성공을 도시지역으로 확산시켰다. 특히 농촌지역 새마을운동은 성과에 따른 차별화 원리가 철저히 적용되면서 새마을운동이 성공할 수 있는 동인이 되었다. 이런 차별화 원리로 인해 새마을운동 시작 후 5년 만인 1974년에 농촌과 도시의 가구당 소득이 같아졌다.[64]

반면 천리마운동은 사회주의 공업화를 위한 공장을 중심으로 진행되었다. 천리마운동은 공장의 생산자를 중심으로 적극적 창조성을 발휘해 생산성 향상을 도모한다는 구상이었다. 하지만 중앙집권적 계획과 통제의 상황에서 천리마운동이 진행되면서 창조성과 차별화의 원리보다는 계획화와 획일화가 작용했다. 이처럼 계획화와 획일화의 구조에서 진행된 천리마운동이 성과를 내기에는 역부족이었다.

또한 새마을운동과 천리마운동이 추진된 배경에도 차이가 있다. 새마을운동은 공업화의 초기단계에 공업에 비하여 농업의 상대적 위축, 도시 근로자 소득과 농가소득 간의 격차 등의 경제적 요인이 직접적인 배경이다. 이외에도 도시인구집중, 이농현상, 대외경제환경이 악화되어 국내경제를 안정시킬 필요성이 있었기 때문이다. 그러나 천리마운동은 사회주의 발전전략을 둘러싼 노선투쟁(8월 종파투쟁) 과정에서 중공업 우선노선이 선택되었고, 중공업 우선노선이 성과를 거두어야만 정치적 위기를 극복할 수 있

---

64) 좌승희, '한국경제의 도약과 정체, 그리고 향후 과제', 『박정희시대의 재조명』, 전통과 현대, 2006, p.55.

었다. 이런 상황에서 물질적 동기보다 정치·도덕적 동기가 우선적으로 적용되었다. 물론 천리마운동은 주민동원의 동력으로 작용하면서 김일성의 지배체제를 공고히 하고 김일성의 유일지배를 가능하게 한 군중노선이었다.

그리고 국내 경제환경에서도 차이가 있다. 새마을운동은 시장경제체제에서 참여자들의 자율성이 보장되고, 참여 성과가 확연하게 나타나기 때문에 적극적으로 참여하였다. 새마을운동은 농촌에서 시작하여 공장과 도시로 점차 확대되었으며, 새마을운동에 참여하는 단위의 실정에 맞게 점진적 국민운동으로 추진되었다. 뿐만 아니라 새마을운동은 경제성장을 지속하고 있는 상태에서 추진되었으며, 수출 주도의 성장정책을 근간으로 자본을 축적하여 산업구조를 경공업에서 중화학공업으로 전환할 수 있는 계기를 마련하였다.

그러나 천리마운동은 계획경제 체제에서 추진되었다. 계획경제는 개별 경제주체의 자율성은 무시되고 중앙 계획당국의 지시와 강제가 작동하는 구조이다. 따라서 지시와 강제가 작동하는 강압적 구조에서 공장 노동자의 참여는 소극적이고 피동적으로 참여할 수밖에 없을 뿐만 아니라, 참여단위의 여건을 무시하고 균형발전이라는 미명 아래 전국의 모든 산업의 동시 발전을 추진하였다. 자원이 부족한 환경에서 무리한 계획 추진으로 소기의 성과를 거둘 수 없었다.

새마을운동은 성공했고 천리마운동은 실패했다

천리마운동은 결코 새마을운동의 비교 대상이 될 수 없다. 천리마운동이 시작된 지 60여 년이 지났지만 아직도 북한은 부족경제(scarcity of economy)에 시달리고 있다. 특히 1990년대 중반 (소위) 고난의 행군은 노력 경쟁의 천리마운동이 실패하였다는 것을 단적으로 보여주는 사례다. 그러나 아직도 천리마운동이 회자되고 있으니 북한의 앞날이 암울할 뿐이다. 천리마운동이 실패한 근원(根源)은 경제 계획의 획일성과 경직성, 자력갱생의 대외폐쇄성, 물질적 유인(material incentive)의 결여 등이다. 즉 '경제의 정치화' 현상이 매우 심해 정치의 원리가 경제의 원리를 압도함으로써 경제적 활동공간이 축소되었다. 천리마운동은 경제의 정치화를 처음 도입한 노력경쟁운동(군중노선)이다.

천리마운동이 처음 시작될 무렵에는 일정부분의 성과가 있었지만 성과는 지속되지 않았을 뿐만 아니라 경제발전을 저해하는 요인으로 작동했다. 또한 천리마운동이 이후 노력경쟁운동의 전형이 되면서 부족경제를 지속시키는 족쇄가 되었다. 특히 지금까지도 천리마운동이 명칭을 변경해서 반복되면서 주민들의 강제적 노력 동원이 일상화되고, 노력 동원이 주민의 삶의 질을 더 악화시켰다.

그리고 천리마운동이 주체사상과 결부하면서 김일성의 유일

지배체제를 강화하는 데 기여했고, 유일지배체제는 3대 세습으로 이어졌다. 따라서 천리마운동은 오히려 경제성장을 왜곡하였을 뿐만 아니라 정치발전에도 전혀 도움이 되지 않았다. 결국 천리마운동은 구호만 있고 실질적 성과를 거두지 못했기 때문에 완벽하게 실패한 운동이었다고 평가된다.

반면 새마을운동은 의식개혁을 통한 경제개발의 자극제로서의 역할을 담당하여 경제발전에 상당히 기여하였다. 이를 세분하여 살펴보면 농촌 새마을운동은 농촌소득증대와 환경개선을 이룩하였으며, 공장 새마을운동은 생산 공정의 개선, 품질관리, 경비절감, 기술혁신을 통한 생산효율성을 도모하였다.

이처럼 새마을운동은 경제전반에 활력소를 제공하여 국민소득의 증대, 중화학공업 중심의 산업구조의 기반조성, 수출입국의 기반구축, '하면 된다'는 국민의식의 고취 등의 성과를 이룩하였다. 새마을운동이 경제개발의 자극제로서 긍정적 역할을 담당할 수 있었던 요인은 우선 '엄격한 차별화'와 '참여의 자율성'이다. 차별화는 성과보상(incentive system)의 전제가 되었고, 자율성은 경제적 능력과 환경을 고려한 성과를 얻을 촉매제가 되었다.

또한 대외 개방성이 선진기술과 자본의 유치로 노력동원의 한계를 극복하는 요인이 되었다. 이처럼 새마을운동의 대외 개방성이 중화학공업으로 구조조정이 원활하게 이루어질 수 있는 밑받침이었다. 그리고 주민과 행정기관 간의 원만한 협업체계 (governance)가 새마을운동 성공의 한 요인이다. 즉 새마을 지도자를 주민이 직접 선출하고 이들을 정부가 양성해 줌으로써 새마을 운동의 지휘체계는 집행단위조직이 수평적으로 결성되어 능동적으로 참여할 수 있는 계기를 마련하였다. 또한 좌파들의 부정적 평가에도 불구하고 많은 발전도상국이 새마을운동을 발전모형의 전형으로 도입해 발전 경험을 전수받고 있다.

이는 새마을운동에서 배울 것이 많다는 점을 입증해준다. 따라서 새마을운동은 성공적 운동이었다고 평가된다.

새마을운동이 청소년에게 주는 교훈

이주천(애국정책전략연구원 원장)

나의 60~70년 대의 꿈 많고 귀중했던 청소년 시절은 박정희 대통령이 집권했던 바로 3공화국과 유신 시대였다. 그 당시는 도시와 농촌의 변화와 산업화를 몸소 체험했던 격동의 시대였다. 아니 우리 한민족 역사에서 그런 역동이 넘치는 시대는 없었다. 그 시대를 몸소 체험했던 점에 대해 자랑스럽게 회고할 수 있다. 아직도 새마을운동 노래 가사가 기억에 생생하다. 박정희 대통령이 직접 작곡과 작사를 했다고 하며 부국강병을 지향하고 안보 의식을 고취하면서 애국심을 불러일으키는 노래이다.

"새벽종이 울렸네! 새 아침이 밝았네, 너도나도 일어나 새마을을 가꾸세, 살기 좋은 내 마을 우리 힘으로 만드세(1절). 초가집도 없애고 마을 길도 넓히고 푸른 동산 만들어 알뜰살뜰 다듬세. 살기 좋은 내 마을 우리 힘으로 만드세(2절). 서로서로 도와서 땀 흘려서 일하고 소득증대 힘써서 부자마을 만드세 살기 좋은 내 마을우리 힘으로 만드세(3절). 우리 모두 굳세게 싸우면서 일하고 일하면서 싸워서 새 조국을 만드세 살기 좋은 내 마을 우리 힘으로 만드세(4절).”

돌이켜보면, 대한민국은 힘들게 건국되었다. 이것은 마치 어머니 자궁에서 나올 때 출산을 방해했다고 할 수 있는 좌익 남로당 추종자들의 각종 파업 폭력투쟁을 간신히 극복했던 피투성이의 난산(難産)이었다. 1945년 8월 15일, 해방되고 3년 뒤 대한민국이 건국되었을 때, 국민소득이 불과 87달러에 불과한 세계에서 최빈국(最貧國) 중 하나였다. 얼마나 가난한 나라였던가를 알 수 있는 점은 해방 이후 줄곧 북한으로부터 전기를 공급받았다는 점이다. 이유는 일제가 북한에 압록강의 수풍발전소 등 집중적으로 수력발전소를 개발했기 때문이다. 그러나 북한의 김일성은 일방적으로 남한으로의 공급을 차단했고, 일시적으로 남한은 암흑천지가 되었으며 결국 촛불과 호롱불로 밤을 밝혀야 했다.

해방 이후 6·25동란을 거치면서 도시 집중화가 가속화되었고, 중국과 일본, 러시아 등지에서 해외동포들 수백만 명이 들어왔다. 당시에 이승만 정부는 미군을 불러 들여 북한 괴뢰군은 휴전선 이북으로 쫓아냈지만, 유감스럽게도 먹거리와 일거리를 해결하지는 못했다. 길거리에는 오물이 쌓여서 악취가 풍겼고, 대학을 나와도 만성 실업자들이 즐비했다. 도시 청년들은 할 일이 없으니 종일 만화방에서 만화를 보았다. 50년대에 만연된 농촌의 가난과 고리채로 있는 절대빈곤의 악순환은 4·19로 집권한 장면 정부도 해결하지 못했다. 대학생들은 학업보다는 걸핏하면 각종 데모로 귀중한 시간을 허비했다. "가자 북으로, 오라 남으로." 이런 무분별한 통일 지향적 대북구호가 대학가에 나붙기도 했다. 한반도에서 빈곤은 봉건시대의 임금도 해결하지 못한 한민족의 2천 년 역사의 한이었다.

이 민족사의 한을 풀어준 인물이 바로 박정희다. 한국 현대사에서 박정희 시대를 제외하고는 산업화, 근대화를 논의하기 어렵다. 월남파병으로 국군의 현대화를 이루고, 60년대의 가발, 신발, 의류 등 경공업 위주의 수출진흥정책으로 간신히 도시의 소득을 증대시켰으나, 농촌은 여전히 굶주림과 빈곤 그리고 고리채라는 봉건시대부터 내려오는 불치의 고질병에서 벗어나지 못하고 있었다.

전화도 없었고, TV, 냉장고 등 가전제품도 농촌에 제대로 공급되지 못했던 시절이었다. 당대에 농촌에 퍼져있던 노동에 대한 나태함과 빈곤에 대한 무력감, 오직 하늘만 바라보는 것이 농민의 숙명이라고 여기는 전근대적인 인생관이 만연했다. 봉건시대의 임금도 해결하지 못한 채 1960년대까지 대물림한 농촌의 고질병을 치유하는데 새마을운동이 있었다.

이것은 박정희 대통령의 고독한 결단에 의해 즉, 위로부터의 개혁이란 이름으로 추진되었고, 처음에는 도시의 산업화에 소외된 농촌의 개발과 소득증대로 시작되었지만, 나중에는 도시민에게도 영향을 미쳤고 급기야 국민 정신혁명으로 발전하게 된 것이다.

박정희 대통령은 새마을운동을 시작하기 1년 전인 1968년부터 본격적으로 농촌 근대화에 대한 구상에 들어갔다.

"우리 농촌을 근대화시키기 위하여 국민과 정부가 힘을 합쳐 연구하고 노력을 하면, 우리 농촌도 선진국 농촌에 못지않은 훌륭한 농촌이 될 수 있다고 나는 확신합니다"(1968. 11. 11).

새마을운동의 직접적인 계기는 1969년 8월에 박정희 대통령이 경북 청도를 시찰했을 때, 당시의 농민들이 재해복구 과정에서 마을의 생활환경을 개선한 것을 발견하고 착상한 것으로 시작되었다. 박정희 정부는 먼저 시멘트의 과잉재고를 처리하기 위해 농촌을 지원하였다. 지원의 기준은 무원칙적으로 퍼주는 것이 아니라 상호 경쟁을 유발하기 위해서 열심히 일하는 농촌을 선별하고 차등적으로 지원하였다. 지원 물품도 시멘트뿐만 아니라 경운기, 농촌의 기계화를 위한 설비지원과 도로 교통, 초가지붕 개선, 가옥 정비 등 환경미화 사업, 심지어 철골과 건축자재 및 현금지원 등으로 확대하였다.

박 대통령은 1972년 새마을운동을 '잘 살기 운동'이라고 간단히 정의를 내렸지만, 후일 학자들은 그런 단순한 정의에 동의하지 못했다. 그 이유는 새마을운동이 한국 현대사에 미친 영향력이 훨씬 심대하게 전개되었기 때문이다. 새마을운동은 한국 농촌의 물질적 환경을 개선하고 소득을 증대시켰을 뿐만 아니라, 농촌 사람들의 정신적인 면과 생활윤리 수준에도 큰 변화를 야기시켰다. 이들이 다시 도시로 유입되어 도시 노동자가 되었을 때, 노동력의 자질도 제고시켰다. 새마을운동의 4대 덕목은 근면, 자립, 자조 그리고 협동 정신이었다. 그 핵심은 '할 수 있다(Can Do)는 정신'의 체현이었다.

혹자는 박정희 대통령이 헌법개정을 통해 독재정치를 했다고 비난을 하기도 한다. 그러나 그 점은 대한민국보다 민주주의 지수가 훨씬 높은 선진국들의 지수에 비교해 볼 때, 그런 평가를 할 수 있지만, 사회주의-공산주의 체제의 국가나 2차 대전 이후 등장한 신생국가군 중에서 상호 비교해 본다면, 민주주의 지수에서 결코 낮은 평가를 할 수 없다는 점이다. 분명한 사실은 18년 동안의 집권 과정에서 흔들지 않았던 통치원칙은 4가지였다. ①건국의 헌법정신, ②반공주의, ③자유민주주의 체제, 그리고 ④자본주의적 시장 질서라는 큰 틀을 벗어나지 않는 범위내에서 정부가 위로부터의 개혁과 근대화를 추진해 나갔다는 점이다.

박정희 대통령은 10·26 사건으로 사망했지만, 대한민국 사람들이라면 누구나 새마을운동의 정신으로 일한다면 어떤 역경도

헤쳐나갈 수 있다는 자신감과 희망을 얻게 되었다. 1970년대 한국의 도농 간 소득 격차는 줄어들고 사회모순은 완화되는 등 도농 일체화가 가속화되는 가운데 농촌의 물질적인 조건과 농민의 정신 상태는 모두 대대적으로 개선되었다. 1970~1978년 사이에 농가 1인당 소득은 165달러에서 649달러로 4배 가까이 늘어나게 되었다.

그러나 새마을운동은 5공의 전두환 정권이 들어서면서 전두환의 동생 전경환이 새마을운동중앙본부 사무총장이 되면서 동력을 상실하고 쇠퇴하였고, 김영삼 정부 시절에는 거의 농촌 지역에서 그 명칭 자체를 찾아볼 수가 없게 되었다.

우리가 88올림픽을 거쳐서 고속성장하는 동안에 과거 근대화의 뿌리를 이루었던 '할 수 있다'는 자립,자족의 정신은 사라졌지만, 해외에서 중국이나 아프리카의 개발도상국들에서 우리의 새마을운동의 진가를 알아주는 나라들이 증가하였다.

그들은 우리가 어떻게 산업화를 이루었나에 관심이 많았다. 우리가 새마을운동을 잊어버린 사이에, 해외에서는 우리에게 새마을운동의 위대한 유산이 무엇인지를 일깨워주었다.

그런데 이런 물질적 풍요 속에서 자살율이 증가하고 출산율 저하가 세계 최고치를 기록한다. 청년들의 불만은 수그러들지 않는다. "집값이 비싸서, 혼숫감이 없어서 결혼을 못 한다. 교육비가 없어서 출산을 못 한다. 정부가 직장을 마련해주지 않는다."

내가 인생의 황혼길에 접어들면서, 청년들에게 하고 싶은 말이 있다면 배가 고팠던 시절을 잊지 말아 달라는 부탁이다. 또 새마을운동의 추진동력인 근면, 자립, 자조, 협동 정신을 잊지 말라는 것이다. 부모 세대와 선배들이 도전했던 '할 수 있다 정신(Can do sprit)'을 살려야 한다. 산업화 시대를 거친 현재의 대한민국은 과거보다 청소년들의 환경과 교육 여건은 과거 나의 학창 시절에 비해 비교되지 않을 정도로 훌륭하다. 상전벽해(桑田碧海)를 이룬 것이다. 6·25동란에 참전한 미군 병사가 한국을 방문해 경탄을 연발했다고 전한다.

현재 대한민국은 미증유의 체제 위기에 직면해 있다. 과거 새마을운동이 헌법적 가치의 기본 틀을 벗어나지 않은 차원에서 개혁 운동이었다면, 현재 집권 세력은 패스트트랙을 악용한 자유 민주주의 체제와 시장 질서를 무시한 사회주의식 개혁을 단행하고 있다. 아무쪼록 박정희 정부 시절의 그 어렵고 험난했던 대한민국이 새마을운동의 국민적 정신혁명을 통해 어떻게 가난을 극복했는가를 생각해 보고, 체제 위기 극복의 계기로 삼아야겠다.

살고파마을

© 류귀화

2장

살고파 마을의
새마을운동

‧
‧
‧
‧
‧

'살고파마을'의 산촌(山村)에는 아직도 허다(許多)한 난제(難題)가
가로 놓여 있을 줄 압니다만 무(無)에서 유(有)를 창조(創造)한
홍선생의 힘은 여타(餘他)의 문제(問題)를 해소(解消)하고도
남음이 있을 것을 믿어 의심치 않으며 나아가 홍선생의
힘찬 의욕(意欲)과 심어 놓은 씨알들은 조국근대화(祖國近代化)
과업수행(課業遂行)에 더욱 큰 힘이 될 것을 믿어 마지 않습니다.

‧
‧
‧
‧
‧

애향심과 새마을정신

홍영기(문명교육재단 설립자)

애향심의 포태

사람들은 저마다 고향을 가지고 있다. 하늘 넓이가 열자도 되지 않는 산골짜기라도 고향이면 좋고, 해일에 시달리며 고기 썩는 내음이 뭉클거리는 초라한 바닷가라도 자기네 고향이라면 더더욱 좋다.

남북의 분단으로 찾아 갈 길 없는 이북 땅에 고향을 둔 실향민들도 언젠가는 돌아갈 수 있다는 희망이 있기에 향수를 달래며 살고 있듯이 고향에 대한 그리움은 육신이 흙속에 묻히는 그 순간까지 지니고 가야할 인간의 본능이다.

태어나서 울음 짓던 그 집과 방에는 향긋한 어머니의 젖내음이 서리어 있고, 걸음마를 시켜주던 뜰과 마당은 인간 세상에 첫 발을 내디딘 나의 출발지이며, 뛰어 놀던 산천은 내 육체의 힘을 영원히 뿌리 내리게 해주었다.

흘리는 콧물을 손길로 닦아주고, 헐은 상처를 어루만져 주며,

찬바람 더운 바람 가리지 않고 새벽 밥 지어주신 엄마의 사랑이 나에게 희망과 꿈을 싹트게 했던 고향.

이 같은 인생의 원천이 샘솟는 내 고향 내 고장은 저마다 간직하는 애향심으로 집착된다. 그러므로 명성을 떨친 성공한 사람도 제일 먼저 고향을 찾고 싶어하고 인생의 밑바닥에서 실패한 힘없는 사람도 고향을 먼저 찾게 된다.

고향의 품이란 성공도 실패도 구분치 않으며 기쁨도 서러움도 구분치 않고 얼싸안아 품어주는 곳이다. 그러므로 고향은 더더욱 좋고 이 같이 아량 넓은 고향의 따사로움이 싫지 않다. 그래서 고향 사랑의 깊은 뿌리는 마음속 깊이 뻗어 내리며 내 고향 길목에 꽃나무를 심고 싶고 흐트러진 돌다리를 바로 나란히 놓고 싶어지는 애향심이 자신도 모르게 마음속 깊은 곳에서 싹이 돋아난다.

애향심이란 남의 가르침으로 갖게 되는 것도 아니요, 배움에서 얻어지는 것도 아니다. 내 고향에 대한 무한한 사랑이 나의 마음과 몸속에 듬뿍 스며들어 적셔있기 때문에 나도 모르게 스스로 우러나는 인간 본능의 작용인 것이다. 천만리 먼 나라 타향에서 고향의 사투리를 들으면 형제같이 친해지고 고향의 정다운 노래 소리만 들어도 눈망울이 적셔진다. 이같은 감정은 세상 사람들이 어린 시절부터 지녀온 애향의 싹이 자라나 고향사랑으로 결실되어 왔기에 가지게 되는 애향심의 발로라 할 수 있다.

나는 청도군 운문면 방음동 643번지에 자리 잡은 넓은 사랑채 마당을 지나 중대문을 거쳐 들어선 상채와 아래채가 ㄱ자로 되어 있는 집 아래채 갓방(집의 가장자리에 있는 방)에서 고려조 개국공신

◀ 자인공립보통학교 재학 시의 홍영기 이사장(앞줄 왼쪽 첫 번째)

▶ 대구교남학교 시절 수학여행(오른쪽 두 번째 홍영기 전 이사장)

▲ 졸업반 수학여행
(일본 동경 궁성 앞, 가운데 줄 오른쪽에서
네 번째가 홍영기 이사장)

▲ 대구 교남학교 재학시 중국 여행
(중국 하남성 개분시 평화공원에서 홍영기 이사장)

(高麗朝 開國功臣) 태사공 남양홍 씨조(太師公 南陽洪氏祖) 은(殷)자(字)
열(悅)자(字)의 28대손(二十八代孫)인 가선대부(嘉善大夫) 시(時)자(字)
원(源)자(字)께서 입청도(入淸道)하셔 그 육대손(六大孫)인 효력부위
용양위부사용부군(效力副尉龍穰慰副司勇府君) 석(錫)자(字) 표(杓)자
(字)의 둘째 손자로 태어났다.

선고(先考) 호(浩)자(字) 성(性)자(字)는 조고(祖考)의 당시 양조장,
조선 솥공장 등의 경영과 오항리 돌문평(石門坪) 100여 두락(斗落)
의 영농으로 부유한 환경 속에서 7형제 중 맏이로 태어나 19세 때
상경하여 배재학당에 수학한 후 봉건사상을 배제하고 개화사상
을 제창하신 분이다.

선고의 7형제분은 그 당시 개화기의 신문명 교육을 수학키 위
해 일본 와세다대학(日本早稻田大學), 명치대학(明治大學), 계성학교
(啓聖學校), 대구고등보통학교(大邱高等普通學校) 등에 수학하셨으
며, 이 고장 기미년 독립만세 사건 때 주동 인물로 수배되어 계숙
인 해성(海性)은 옥고를 당하시고, 선고와 넷째 숙 갑팔(甲八)은 도
피생활의 고난을 겪었다.

나의 집안은 자손이 번성하여 조고의 형제분이 8형제이며 선
고의 형제분이 7형제이다. 이 같은 벌족과 번영의 가정환경 속에
서 1923년 10월 18일 밤 9시경(癸亥年 陰9月 9日 亥時)의 사주(四柱)
를 타고 태어났다.

"사주 좋은 아기가 태어났다"며 가족들의 축복과 기쁨을 한 몸
에 받았다. 태어날 때부터 받아온 가족들의 무한한 사랑은 성장하
는 과정에서 애향의 씨가 뿌려졌고 푸른 노송 잔디밭에서 뒹굴고

놀던 고향의 정다웠던 그 때 그 시절의 정취가 애향의 싹을 틔게 한 것이다.

7살의 나이로 10리길 문명학교까지의 내왕이 어렵다며 9살 때 대구복명보통학교로 전학시켜 공부를 하게 했고, 헤어지기 싫어 하는 어린 자식의 청을 받아들여 다시금 운문공립보통학교로, 그 곳에서 또 다시 금천공립보통학교로, 방음에서 금천까지 자전거 통학이 힘겹고, 또한 전깃불 켜진 곳에서 공부해야 한다며 자인공 립보통학교로 옮겨 주시어 그곳에서 비로소 6년의 보통학교 과정 을 졸업하였다.

6년의 보통학교 과정을 5개 학교를 다녔다는 기록은 그 당시 선고께서 자식의 인생 기초를 여물게 다져 주시려는 무한한 부모 사랑의 참된 근원임을 느껴 굳은 애향의 싹이 성장되어 왔다. 전 교의 수많은 학생 중 내의와 양복을 착용하고 워싱톤(운동화)을 신 은 학생은 몇 명에 불과했으며, 언제나 용돈을 풍부하게 주시고 객지생활의 염려를 해 주셨다.

9살 나이에 부모 곁을 떠나 6년여 동안 부모님의 특별하신 온 정 속에서 학교공부를 하며 겪어온 이별의 그리움을 더 이상 견딜 수가 없어 자인보통학교를 졸업하자 부모 곁인 고향에서 영원히 살면서 농군이 되겠다고 결심하였다. 그러나 부모님은 허락하지 않고 다시금 대구로 보내 중학 과정인 대구 교남학교(嶠南學校)에 입학 시켜 주었다. 이제는 14세가 된 중학생이므로 그 동안에 겪 어왔던 객지생활의 익숙한 습성으로 어릴적 고향에 대한 그리움 에서 비롯된 외로움에서 벗어날 수 있었고 나름대로 학업에 충실

할 수 있었다.

오늘날 나에게 남겨준 애향심의 의지와 인생철학의 모든 지식은 이 당시 수업 받은 훌륭하신 은사님들의 덕분이다. 은사님의 면면들을 지금 와서 회상해보면 한솔 이효상(전 공화당 의장), 김상열(전 경북대 총장), 이상화(시인), 이규동(전 경북대 영문과 주임교수), 전진성(전 경주고등학교 교장), 김준기(전 대륜고등학교 교장), 서정호(대륜학교 설립자인 서병조 선생의 장남), 김사협(전 일본구주대학 한글학 교수) 선생님들로 동경제국대학교, 경도제국대학교, 경성제국대학교 등 당시 굴지의 명문대학교를 나오신 젊으신 우국지사였고, 시와 소설의 문학적인 소양과 철학적인 사상을 우리들에게 깊이 심어주신 분들이다.

오늘날 내가 가진 모든 지식은 그 때 얻어진 것이며, 당시 재학 시절 조선 역사책 사건은 지금도 생생히 기억이 난다.

영원한 나그네

중학교를 마치자 대동아전쟁은 고비에 달해 조선청년들의 지원병 모집이 시작되었다.

나의 나이는 요행히도 제1기 징병 연령은 벗어났지만, 지원병 모집 연령에는 해당되었다. 부모님의 태산같은 걱정 속에서 나는 다시금 일본 동경으로 도항하여 동경에 있는 흥아전문학교(興亞專門學校)에 입학하였다. 그러나 학도병이란 신변의 위협이 느껴져 학업을 그만두고 다시금 만주 봉천성 남단에 위치한 영구시 영목 조선소 군수창에 취업하여 간신히 징병징용을 피해 해방을 맞아 귀국하게 되었다. 당시 나이 21세였으며 해방된 조국땅 고향에 돌아와서는 무엇인가 큰일을 해보려고 애썼다.

운문면 건국청년단을 조직하여 동족 박해를 한 친일자들을 색출하기도 하고 면민들의 놋그릇을 욕심낸 면장집을 수색하여 면민들이 잃었던 물건도 찾아 주었다. 그러나 이같은 작은 일들은 순간의 장난 같이 여겨져 내 삶의 참 길을 찾아 사회로의 첫 출발을 청도군 이서면 칠곡국민학교 교사로 출발했다. 이 학교는 일제 간이학교로 있다가 승격되어진 시골학교로 학생들과의 나이 차이는 불과 2~3살밖에 되지 않았다.

기초가 되지 않은 농촌 학생들의 중학교 진학공부를 위해 무척 애를 먹었으나 나름대로의 교편생활에 재미를 붙여 3년 간을 열심히 노력했다.

하루는 갑자기 김용수 교장선생님이 진지한 태도로 면담을 청해 왔다. 내용은 내가 이서고등공민학교 창설교사로 선임되었다는 소식이다. 그 소식을 들은 순간 이왕 교육계에 몸담을 바에는 그쪽으로 가는 것이 좋을 것 같아 이를 받아들이고 박영준 이서면 장님과 상의하여 이서국민학교 별채를 임시교사로 하여 이서고등공민학교(현 이서중·고등학교 전신) 첫 입학생을 모집했다.

이외에도 많은 학생이 지원해와 60여 명의 학급 편성을 하고 경북사대 출신의 예용해 선생(전 한국일보 논설위원)과 함께 이 지역 교육 발전을 위해 노력하자고 다짐했다.

▲ 이서고등공민학교 창립교사로 재임 시
　(왼쪽 두 번째가 홍영기 이사장)

▲ 칠곡국민학교 교사로 부임
　(앞줄 왼쪽 세 번째가 홍영기 이사장)

그 후 현 이서중·고등학교 자리에 학교부지를 매입하고 갑형 목조교실 3칸을 세웠다. 그 당시 가진 유일한 꿈은 이 고등공민학교를 정식인가 중학교로 승격시켜 좋은 학교로 만들고 싶었다. 그러나 때가아직 되지 않았는지 여름방학을 준비하며 홀로 학교를 지키고 있었던 1950년 6월 25일, 동란의 비보(悲報)가 들려왔다.

면민들의 민심은 동요되었고 전세의 불리한 비보는 연이어 전해왔다. 이 당시 학생들 대개가 징용과 징병에 해당되는 나이였다. 1~2개월이 지나자 우리 학교 교실은 후퇴하는 경찰과 군인들의 가족 수용소가 되어 의자와 책걸상이 마구 부서져 그들의 밥 짓는 장소로 사용되었다. 하루는 이같은 행동을 저지하려고 하였으나 인솔 군경이 폭언과 폭행을 가하며 대항을 했다. 무법천지가 되어버린 전시 하에는 하소연할 곳조차 없었다.

그러던 8월 22일 저녁 때 청도 읍내를 다녀온 동료학생 5~6명과 함께 학교로 뛰어온 박수환 학생이 "청도 모계중학교에서는 학생들이 학도병으로 지원한다고 야단들인데, 선생님! 우리들도 학도병으로 지원토록 합시다"라고 제안했다.

나는 박수환 군의 제안에 생각해 보았다. 우리 학생 모두는 징집에 해당되는 연령이므로 어차피 어느 시기에 군대에 가야함은 명약관화한 일이며 전세가 위태하여 뿔뿔이 헤어져 한 사람씩 군에 외롭게 가기 보다는 차라리 이때를 택해 함께 모여 군에 가는 것이 좋겠다는 뜻을 밝혔다.

학생들은 흥분된 기분으로 이곳저곳 동료 급우들을 급히 불러 모아 학도병 출정 준비를 갖추었다. 출석부를 가져와 징병 나이에

▲ 이서고등공민학교 제1회 학생 모집을 마치고
(앞줄 왼쪽 아홉 번째가 홍영기 전 이사장)

▲ 육군 대위로 1206건설 공병단 정보과장인
홍영기 전 이사장(왼쪽 두 번째)

▲ 육군 중위 시절의 홍영기
전 이사장

해당되는 학생들을 호명하여 본인의 의사를 물어보고 날인을 받았다. 학생들은 흥분에 북받쳐 혈서 날인을 했다. 나이 어린 추효협 학생은 자기 이름을 불러주지 않는다고 울음을 터트렸다.

이런 광경은 눈물없이 볼 수 없는 감명깊은 순간이었다. 당시 나의 나이는 징병연령을 훨씬 넘은 27세였으나 학생없는 학교란 있을 수 없었다. 아직까지는 의리의 피가 가슴 속에 고동치고 있는터라 어린 학생들이 철모르고 들떠있는 광경을 보고 생각에 잠겼다.

제자와 스승이란 책임과 의무감이 강하게 작용했다. 그리하여 철부지 학생들과 함께 학도병에 동참하여 생사를 함께할 것을 결심하고 인솔 군인의 트럭에 실려 경산군 고산면 고산국민학교에 자리 잡은 육군 제301 공병 교육대대에 도착했다.

삭발을 하고 학생들을 바라보니 누가 누군지를 분간하기 어려웠다. 알아 볼 수 있는 이들은 서로 바라보며 미소를 지었다.

입영 첫날밤은 웅성거림과 초조함에 사로잡혀 취침 나팔소리에 자리를 찾아 누웠으나 창밖으로 보이는 밤하늘 별빛들은 총총히 빛나고 있고 대구 쪽과 신령 쪽에서 들려오는 포성은 슬픈 마음이 들게 하였다.

상면도 연유도 전하지 못한 채 남겨놓고 온 귀여운 두 아들 택권과 택정, 아내의 얼굴이 떠오르며 가족의 안위가 걱정되었다. 그리고 다시는 찾아보지도 못할지 모르는 내 고향의 모습들이 머릿속을 스치며 좀처럼 잠에 들지 못했다. 그러다 아침 기상나팔소리에 잠을 깼다.

아침 구보 훈련을 마친 후 식사를 5분 내 끝내라는 조교의 엄한 명령에 먹는 둥 마는 둥 바쁜 동작으로 식사를 마칠 무렵 일등 중사 계급의 조교가 "홍영기 이등병"하고 이름을 호명했다. 그는 공병 간부 후보생 대장 앞으로 나를 데리고 갔다.

대위계급의 대장은 나의 눈에 하늘처럼 높아 보였다. 서투른 거수경례를 올리고 굳은 자세로 서있노라니 검게탄 얼굴에 안경을 낀 유순하게 생긴 대장님은 미소를 띄우며 "홍 선생님, 기분이 어떻소?"하며 말을 건넨 후 자기는 간부후보생 대장인 육군대위 윤두훈이라고 하면서 관등성명을 알려 주었다. 그리고 친절하게도 자기앞에 놓은 의자에 앉으라고 권했다.

나는 신병 졸병으로 예의를 지키기 위해 일단 사양을 했으나 내 손을 잡아 끌면서 의자에 앉혔다. 그리고 말하였다.

"홍영기 선생님의 신원을 파악해 보았는데 이력과 경력도 그렇고 연령을 보아서도 사병으로 입대는 곤란하므로 이왕 군문에 들었으니 내가 맡고 있는 장교 후보생대에 들어가 장교가 되어달라"고 말했다.

나의 마음은 가늠하기가 곤란했다. 함께 온 학생들을 사병대에 남겨두고 혼자만이 장교가 되는 것은 사제 간의 신의의 배반임이 느껴져 학생들과 더불어 사병생활을 계속하겠다고 대답했다. 그러자 대장님은 "학력이 부족하기는 하나 제자 중에서 장교가 될 만한 학생이 있다면 골라서 함께 장교가 되라"고 허락했다. 그 대장의 승락은 너무나 고마웠다.

황급히 학생들에게 달려가 이승무 학생 등 몇 명에게 장교 후보생으로 함께 가자고 하였으나 학생들의 대다수는 "전쟁이 호전되면 빨리 제대하여 학업을 계속하겠다"며 거절하였다.

그러나 당시 모계 고등학교 재학생 중 몇 명의 학생은 육군대령까지 진급되어 예편된 인재도 있었다.

나는 고된 장교 후보생 과정을 이수한 그 해 10월, 육군 소위로 임관되어 훈련 성적과 군번 순에 따라 육군공병학교 교관으로 배속되었다. 다행히도 이 공병학교는 전군의 공병이 보충교육을 받기 위해 연간 한 번씩은 꼭 거쳐 가야 하는 곳이다.

나는 공병감실 사병계에 연락하여 제자들이 배속된 소속을 알게 되었고 그 소속 부대의 사병들이 교육을 받으러 오면 안부를 묻기도 하고 전하기도 하며 서로 연락을 계속했다. 때로는 후방 공병부대에 소속되어 있으므로 안심한 학생 이승모 군이 공비의 기습으로 불의의 전사를 당했다는 소식을 전해듣고 내 몸의 살을 에이는 듯한 아픔을 느꼈으며 공병학교 보충교육을 온 박재규 군을 학교 당국에 부탁하여 특별휴가까지 주어 집에 다녀오게 하였는데 그 제자가 폭파 교육 부비트랩의 돌무게를 잘못 놓아 폭사한 일들은 너무나도 원통하여 당시의 아픔을 아직까지 잊지 못하고 있다. 그러나 불행 중 다행은 32명의 학도병 학생 중 직접적인 전사자 수는 4명을 넘지 않는다는 소식이다.

만약 그 당시 내가 입대지원을 잘못하여 공병 병과 아닌 보병 병과로 입대했다면 희생이 얼마나 많았을까 하는 생각이 들면 정말 다행이라 생각하며 가슴을 쓸어 안는다.

따라서 이 책을 통해 숭고한 조국 수호에 몸바친 어린 제자들의 영령 앞에 이제 칠순이된 노스승이 고개숙여 명복을 빈다.

후방 공병학교 교관생활에서 최일선 육군 제15사단 공병대대 중대장으로 배속된 곳은 당시 휴전협정 막바지의 격전이 한창 벌어지고 있던 동해안 최북단 고성지구의 351고지였다(현재 통일전망대 세워짐).

이곳 351고지의 격전은 피아의 주인이 10여 회나 서로 바뀌어져 왔다는 혈전지였다. 나는 당시 공병 지휘장교로 351고지 요충지에 있는 적의 토치카 파괴임무를 띤 화염방사기 특별공격대의 수훈으로 10년 간의 군생활에서 영원히 잊지못할 영광된 은성화랑무공훈장(銀星花郎武功勳章)을 수수하였다.

때에 따라 전투가 한가한 전선의 밤이 되면 고향에 대한 향수와 그리움에 젖어 하늘의 별 숫자를 헤아려 볼 때가 있다. 먼 남녘 땅 내 고향의 밤 정취를 연상해 보기도 한다. 고향의 봄철 밤이면 요란하게 울어대는 못자리판의 개구리 소리들, 초여름 한밤중에 숨어 들려오는 소쩍새 울음소리, 가을 어스름 밤이면 귀에 익은 부엉이 울음소리, 겨울 밤 적막 속에 짖어대는 개소리들, 이들의 소리들은 고요한 전선에서도 고향의 향수에 가슴메이게 했다. 그리고 그 소리들은 나를 부르는 것만 같았고 다시 찾아 가고 싶은 고향으로 한시라도 빨리 돌아가고 싶었다.

내 영혼과 육체를 얻게한 고향에서 인생 40을 살면서 불과 9년밖에 살아 보지못한 내 운명의 불행이 뉘우쳐진다. 인생은 영원한 나그네인 양 외롭고 서러움이 이따금씩 가슴에 못을 치듯 아프기만 했다. 굶주린 자가 배가 고프듯 객지로만 돌아다닌 향수는 이향의 세월따라 커지기만 했다. 38선의 휴전협정이 성립되고 전방 장병들의 긴장도 다소 풀어졌다.

휴전선의 여름은 고되고 더웠다. 내고향 무적천 맑은 물에서 송사리떼 잡고 놀던 어린 시절 그 친구들, 당걸 느티나무 그늘 밑에 한가히 앉아 옛 이야기 들려주던 할아버지가 보고 싶기도 했다. 마음은 하루에도 몇 번이고 고향을 오고 갔지만 육체는 포성 그친 휴전선에 서 있기만 했다. 인생의 중반을 고향 떠나 나그네로 살아온 자신의 모습을 다시금 생각하며 동해 바다 수평선에서 떠오르는 한 나절의 뜨거운 태양이 먼 서쪽 대관령 산마루를 넘어가면서 남겨지는 찬란한 저녁노을을 끝없이 바라다 보았다. 그리고 마음의 결심을 굳혔다.

고향에 돌아가기를 결심하고

제대할 마음을 굳힌 후, 야전군 사령부 인사처에 근무하는 동기생 오한석 소령에게 뜻을 전해 일단 고향 가까운 후방 공병부대인 영천 제1201 건설공병단 예하 부대장으로 배명(拜命)받았다. 그래서 시간이 나면 영천과 고향을 왕래하면서 전역준비를 서둘렀다.

1960년 4월에 이르러 몸에 베인 10년 간의 군생활을 마치고 선고에게 전역인사를 올린 후 집터를 마련하여 살림집을 짓고 본가의 사과밭을 가꾸며 매몰된 하천을 복구시켜 논밭을 이루고 국세

▲육군 15사단 공병대대 제중대장 근무 시(동해안 최전방 351고지에서 홍영기 전 이사장)

▲1953년 8월 4일 서훈 기록에 의거하여 수여받은 은성무공훈장.

▲영광의 보람 5·16민족상(사회부분)을 수상하면서(1968)

청으로부터 불하를 받았다. 그리고 소를 먹이고 돼지도 길렀다. 당시 120만 원의 전역비는 큰 돈이었으며 농촌생활 시작의 밑천이 되었다.

한 철을 지내자 입고 나온 제대복은 조각조각 농군복으로 변해졌고, 돋아난 텁석 수염은 얼굴 모양을 바꿔 놓았다. 안면이 있는 친구가 홍영기를 찾아와 홍영기를 만나 홍영기를 물었다. 어처구니가 없는 일을 당한지라 거울에 얼굴을 비춰 보았다. 정말 군시절 소령 계급장을 군모에 달고 권총을 허리에 늘어찬 채 짚차를 타고 다녔던 그때 모습이란 온 데 간 데 없고 강한 농촌의 태양 아래 그을린 수염투성이의 참 농군의 얼굴로 변해 있었다. 비료 배합과 농약의 병용 그리고 객토와 심경의 묘방은 개간 농지에서 타인의 기성 옥답보다 2배의 소출을 올리게 했고, 유기질 쇠똥의 비배법은 사과의 색깔과 맛을 돋우고 사과 주산지인 경산사과를 능가했다. 그리고 야식과 간식을 배식한 소와 돼지들의 가축은 비대한 몸집을 자랑하며 언제나 윤기가 흘렀다.

그래서 짧은 기간에 농촌의 생활터전을 다졌으며 이 같은 영농법으로 수확의 결실을 직접 본 동민들은 차차 거리감이 좁혀져 서로가 농사묘법에 대해 주고받으며 친해져 갔다.

그때서야 예비역의 고급장교가 아닌 진정한 농군의 한 사람이 되었다는 희열을 맛보았다. 빈곤한 동리 학생들에게 학용품을 사주고 춘궁기 절량농민에게 이자없는 장릿벼를 분배해 주었다. 부락 공동 기와공장을 차려 돈 안들이고 담벽과 지붕을 기와로 바꾸고 나서서 융자 보증을 서 주어 농협에 융자를 받아 영농자금에 쓰도록 해 주었다. 모든 동민들은 이제 죽는 곳이라 할지라도 내가 가는 길이라면 서슴치 않고 따라오는 믿음을 주었다. 그리하여 방음동 단위농협 동조합장으로 추대해 주었다.

당시 동민들의 열렬했던 성원은 진실한 믿음의 소산이었다. 정말 이제부터 내 고향의 가난과 무지 그리고 질병에 시달리는 불쌍한 이웃들을 희생과 봉사로서 보은하는 기회가 왔음을 마음속 깊이 굳히고 묵묵히 일하기로 결심했다.

시작과 동시에 전 동민들을 뒷등 숲속에 모아 우리 동리 새마을 만들기 작업의 청사진을 밝히고, 모든 동리의 새마을 만들기 작업을 수행하는 과정에서 필요로 하는 현금 전액은 내가 부담하기로 하고 다만 동민들은 노력수고만을 해줄 것을 약속받았다. 따라서 건평 25평의 현대식 벽돌조 건물인 농민회관을 완공시켜 낙성식을 올리고 다시 넓이 70평의 농창고를 건립키로 결정했다. 그리고 동 이발관, 공동 구판장, 공동 목욕탕, 공동 농기구 창고, 기계화 도정공장, 양어장, 가마니 공장 등을 차례로 세워 피폐하고 초라했던 우리 동리를 농촌 속의 도시로 변화시켰다. 물론 당초 약속대로 이에 소요된 모든 재료대, 토목공사 기술자들의 인건비 등 현금은 내가 부담하였고 동민들에게는 노력 제공만을 담당시켰다.

동민들은 단시일간에 기적을 이룬 동리 환경변화와 함께 집집마다 개성에 따른 특작 시범농가의 지정으로 호당 소득의 급격한 증대로 또다시 놀라게 되었다.

이 같은 소식을 서울에서 전해들은 이서고등공민학교 시절의

▲ 농민회관
◀ 농창고, 구판장
▼ 도정공장

▲ 청도군민상을 제정하고(왼쪽 청도군민상 기금을 받는
하만정 청도군수와 기금을 전달하는 홍영기 전 이사장)

▲ 양택식 경상북도 지사로부터 5·16민족상 수상의 축하
격려를 받는 홍영기 이사장

동지 예용해 전 한국일보 논설위원은 우정에 어린 성금 20만 원을 보내주며 격려의 성원을 해주었다. 당시 20만 원은 거액의 성금이며 이는 나의 농촌운동 생활에 큰 밑거름이 되었다. 그래서 그 돈 20만 원을 1년간 무이자로 동리 10명에게 각각 2만 원씩 년차 순환분배하여 생활환경 개선사업비로 지급하고 불결했던 농촌 가정환경개선 사업을 아울러 추진했다.

보람의 영광

1961년 5·16군사혁명은 국가재건최고회의를 구성하여 농촌진흥 정책에 주안을 둔 시기였으므로 시운의 때가 맞아 방음동 새마을 만들기 사업은 전국적으로 빛을 띠어 당시 박경원 경상북도지사의 격려 친서가 이어졌으며 스스로 친히 방문하여 격려를 해주었으며, 김형기 당시 청도 군수의 내왕은 하루거리로 잦았다.

그래서 산골마을 쇠똥소령의 별명이 청와대까지 전해져 1968년 5월 16일, 5·16혁명 일곱돌인 그날을 맞아 민족적 큰상인 영광의 5·16민족상을 수상받게 되었다.

이 영광은 전 동민들의 사기를 충천시켰고, 8년 간의 예비역 육군소령이 '쇠똥소령'의 별명으로 강등된 오명의 보람을 가슴 깊이 되새겼다. 그리고 지나간 8년 간의 희노애락이 '파노라마'처럼 머릿속을 스쳐갔다.

군사혁명 시 청도군 내무과장 김규식 씨는 운문면 출신 예비역

장교인 나와 예비역 대위 이용택 씨를 불러 면장 취임을 권유한
바 있다. 당시 공직을 탐하지 않고 애향심의 초지관철을 위해 공
직권유를 거부했던 그 때의 우매한 스스로의 인생기로의 운명결
정을 새삼 회상하면서 수상장 뜰위에 서서 높고도 넓은 남녘의 고
향 하늘을 바라다 보며 깊은 생각을 다시 한번 여몄다.

　5·16민족상의 부상금 100만 원은 그 당시로서는 거금이었다.
그리고 이 상금은 혼자의 것이 아니고 내 이웃 내 고향의 것이므
로 내 고향 청도군민을 위한 보람있는 일에 쓰여지기를 결심하고
내 고향 이름을 붙여 청도군민상을 제정하고 100만 원의 상금을
청도군민상 기금으로 기탁하였다.

　그리하여 내 고향 청도 군민 중 이름없이 묵묵히 고향을 위해
노력하는 숨은 일꾼을 찾아내어 사회·산업·건설분야에 걸친 시상
을 하였다. 그리고 또한 공직과 치안을 맡아 불철주야 고생하는
공직자들의 은공에 보답키 위해 청도경찰서 모범 경찰관을 선정
하여 감사금을 전달하는 한편, 당시 박성수 운문 지서장의 건의를
받아들여 운문지서 사옥 수리와 무기고 건립 및 기동력 확보를 위
해 오토바이를 기증하는 등 힘닿는 대로 노력을 기울였다. 그리고
운문면 직원들의 위안을 위해 텔레비전 1대를 기증하기도 했다.
그리고 오늘의 인간존재란 그 누구든 고향의 정기를 이어받아 부
모로부터 태어났고 이름 모를 내 이웃들의 도움으로 커 왔으며 내
고향 많은 사람들의 협조와 성원에서 존재해 있다는 사실 철학의
진리를 알게 되었고 진정한 고향사람의 '애향심'이 곧 새마을정신
임을 깨닫게 되었다.

홍선생

삼복의 혹서(酷暑)도 고비를 넘고 점차(漸次) 시원한 바람이 부는 결실(結實)의 가절(佳節)에 홍선생의 건승(健勝)과 만사(萬事)가 여의(如意)하시기를 기원(祈願)합니다. 거반(去般)에 송부(送付)한 서신(書信)은 받으셨을 줄 믿습니다. 이번에 보내신 홍선생의 서한(書翰)은 잘 받았습니다. 금년(今年)에는 좀 더 풍요(豊饒)의 해가 되기를 염원(念願)하는 것이 전 국민의 뜻입니다만 극심한 남부지방의 한해(旱害)와 부분적인 수해(水害)는 많은 국민의 꿈을 앗아갔으니 안타까운 일입니다.

그곳은 별 피해가 없으시다니 무엇보다도 다행(多幸)한 일이며 이것은 홍선생의 불굴의 인내(忍耐)와 희생(犧牲)에 의한 결과라고 믿습니다. 이와 같은 홍선생의 인고(忍苦)의 실증(實證)이 전국에 메아리쳐서 연중행사처럼 되어버린 천재(天災)를 인위적으로 극복하고 나아가 허다(許多)한 현실적인 과제를 해결하는 원동력이 되어질 것을 또한 믿습니다.

홍선생이 오랫동안 땀흘려 이룩한 '살고파마을'의 현황(現況)을 내가 직접 목견(目見)했기 때문에 홍선생의 노고(勞苦)와 고심(苦心)이 얼마나 투여(投與) 되었을 것인가 하는 것은 충분히 헤아릴 수 있었을 뿐만 아니라 그곳의 전반적인 상황(狀況)을 이사장님(理事長任)께도 보고를 드렸습니다. 그동안에 중고등학교 강당(講堂)을 준공(竣工)하셨다니 무척 반가운 일이며 5·16청도군민상 설립이 여의(如

意)하에 진행(進行)되고 있다하니 더욱 기쁜 소식(消息)이라 생각합니다. 그곳 '살고파마을'의 산촌(山村)에는 아직도 허다(許多)한 난제(難題)가 가로 놓여 있을 줄 압니다만 무(無)에서 유(有)를 창조(創造)한 홍선생의 힘은 여타(餘他)의 문제(問題)를 해소(解消)하고도 남음이 있을 것을 믿어 의심치 않으며 나아가 홍선생의 힘찬 의욕(意欲)과 심어 놓은 씨알들은 조국근대화(祖國近代化) 과업수행(課業遂行)에 더욱 큰 힘이 될 것을 믿어 마지 않습니다.

홍선생의 보람찬 작업(作業)에 보다 적극적(積極的)인 뒷받침을 드리지 못하는 이곳의 현실(現實)을 유감(遺憾)스럽게 생각합니다만 이사장님(理事長任)께서 홍선생의 사업(事業)에 큰 관심(關心)을 갖고 계시기 때문에 앞으로 좋은 기회(機會)가 올 것을 확신(確信)합니다.

우리는 향후(向後) 좀 더 힘을 모아 최선(最善)의 노력(努力)을 함으로써 더욱 훌륭한 보람을 이룩할 수 있음을 다짐하고 이만 줄입니다.

내내 홍선생의 건승(健勝)과 '살고파마을' 여러분들의 내내(來來)에 신(神)의 가호(加護)있기를 기원(祈願)합니다.

1968년 8월 27일 李明春 書

▲ 5·16 민족상 수상 후 5·16 총재 이명춘과 주고 받은 서신 내용

洪 先生

三伏의 酷暑도 고비를 넘고 漸次 시원한 바람이 부는 結實의 佳節에 洪先生의 健勝과 萬事가 如意 하시기를 祈願 합니다.

去般에 送付한 書信은 받으셨을줄 믿읍니다 이번에 보내신 洪先生의 書翰을 잘 받았읍니다 今年에는 좀더 豊饒의 해가 되기를 念願 하는 것이 全國民의 뜻일니다만 糧基한 南部地方의 旱魃와 部分的인 水害도 많은 國民의 꿈을 씻어 갔으니 안타까웁 읍니다.

그것은 別 被害가 없으시다니 무엇 보다도 多幸한 일이며 이것은 洪先生의 不屈의 忍耐와 犧牲에 依한 結果라 믿읍니다.

이와 같은 洪先生의 忍苦의 實記이 全國에 메아리 쳐서 年中行事 처럼 되어버린 天災을 人爲的으로 克服 하여 나아가 許多한 現實的인 課題을 解決하는 原動力이 되어질

들은 祖國近代化 課業遂行에 더욱 큰 힘이 될것을 믿어 마지 않읍니다.

洪先生의 보람찬 作業에 보다 積極的인 뒷바침을 드리지 못하는 이곳의 現實을 遺憾스럽게 생각 합니다만 理事長任께서 洪先生의 事業에 큰 關心을 갖고 계지기 때문에 앞으로 좋은 機會가 올것을 確信 합니다.

우리는 向後 좀더 힘을 모아 最善의 努力을 함으로써 더욱 훌륭한 보람을 이룩 할수 것을 다짐하리 이만 구립니다.

來來 洪先生의 健勝과 "삶과 마음" 여 분들의 來日에 神의 加護 있기를 祈願 합니다.

1968年 8月 27日

李 明 春 白

새마을운동의 비화

홍영기(문명교육재단 설립자)

새마을운동을 시작한 동민의 결의

1970년대를 맞이하는 1960년대의 마지막 해인 1969년에 청도 군 내무과 행정계로부터 각동리 단위농협 조합원들은 청도군청 으로 모이라는 연락이 있었다.

전언내용은 그때로서는 처음 들어보는 어구의 '새마을운동' 운 운하면서 군 당국의 '새마을 사업'의 시범부락으로 각북면 ○○ 동을 지정하여 시범으로 새마을사업을 시작하게 되었으니 꼭 참 관하라며 나에게 통보해왔다. 그 지정된 부락이란 주위 산등성이 에 송이버섯이 많이 생산되고 있어 평소 주민생활이 풍요로운 동 리였다. 도로에서 큰 하천을 건너 들어간 계곡에 자리한 자그마한 동리로서 찾아간 참관인들에게 특별한 깊은 첫인상을 주는 곳도 아니었다.

동리에 들어서니 전 동민들이 모여 동리 앞 냇가에 따른 골목 길의 석축을 열심히 쌓고 있었다. 그리고 그 현장에서 군 당국 인솔자는 현 국가 시책의 일환으로 '새마을 사업'이 전개되니 오늘 이 새마을 지정 부락을 참관하시고 돌아가 각자의 동리에서도 이 같은 '새마을사업'을 전개토록 당부하였다.

그 날의 참관이 끝난 후 돌아오는 차 안에서 새마을운동이란 뜻을 음미해 보았다. 국가적으로 전개되는 이 새마을운동이란 궁극적 목적이 새 농촌을 만들고자 하는 8년 간의 긴 세월동안 지속시켜온 우리 동리 '새마을 만들기 작업'과 우연의 일치임을 느꼈다. 다만 우리 동리 '새마을 만들기 작업'에서 개개인의 이해 득실에 엉켜 나의 농촌 운동 청사진에서 이루지 못하고 있는 어린이 놀이터, 골목길 넓히기, 담장 개량, 초가집 없애기, 교량 가설, 하천제방 공사, 농로 개발 등의 범위가 포함되어 있을 뿐이다.

앞에서도 말했지만 8년 간에 걸친 우리 동리 '새마을 만들기 작업'은 이미 농촌에 있어야만 하는 농민 회관, 농창고, 농기구 창고, 구판장, 이발관, 목욕탕, 도정공장, 가마니공장(공동작업장), 양로원, 공동 재봉실, 양어장, 특산 산채 묘포장, 방송시설, 도서실, 특작 단지조성 등 개인소득 향상에 기틀이 되는 모든 기본 시설물들이 선진국 농촌을 능가할 정도로

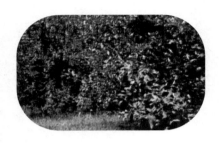

규모 있고 조화롭게 현대식으로
시설되어 있으며 집집마다 시범
농가로 지정된 특작 재배의 장려
향상은 밤나무, 감나무, 사과나
무, 뽕나무, 오동나무, 대추나무,
약초, 산채, 잎담배, 수세미, 포
도나무 등의 단지 조성으로 온통
동리 정체를 푸른색으로 뒤덮어 이미 농촌 녹색혁명 운동의 완성
을 이루고 있었다.

　이즈음 동민들의 동향을 살펴보면 집집마다 예금통장 갖기 운
동의 결과는 동민들 간 경쟁의식으
로 번져 나가고 일상생활의 의식 향
상은 절약 심리의 감퇴를 초래하는

경향으로 흘러가고 있었다. 이 같은
동리 풍조의 흐름이 각자의 이기심
때문에 안일과 우월감에 사로잡혔
고 이때 샘솟던 공동의식의 협동과
단결은 원천력을 차차 잃어가고 있
는 현실이었다. 그러나 때를 맞아 전
개된 이 '새마을운동'의 시작은 나에
게 크나큰 용기와 지혜를 주었다.

　이 시점에서 목표를 향한 전진을
위한 진군은 중단할 수 없었고 새로

운 힘을 내어 내 고향 복지를
위한 이상촌 건설의 결심을 다
졌다. 그리하여 방음동의 동명
을 '살고파마을'로 개명한 이정
표를 교체하고 그날 점심시간
을 택해 동회를 소집했다.

　그날 새벽 돼지 잡는 사람에
게 먹이던 큰 돼지를 동회에
쓰기 위해 잡아 달라고 부탁하
며 돼지 잡는 장소는 꼭 동리
중간 지점인 냇가 높은 곳으로
지정해 주었다. 동회에 이렇게
큰 돼지를 잡으려니 돼지 잡이
는 신이 나서 이른 새벽 동리
의 고요를 깨고 돼지를 뭉쳐갔
다. 놀란 돼지는 목청을 높여
소리쳤고, 목따는 시간을 길게
끌자 돼지 소리는 전 동리를
진동했다.

▲ 모든 동민들이 혼연일체가 되어 살
기 좋은 고장으로 만들겠다는 뜻으
로 홍영기 이사장이 만든 '살고파
마을'

　어른 어린이 할 것 없이 많은 동민들이 이른 아침인데도 불구
하고 너도나도 돼지 잡는 곳으로 몰려왔다. 그리고 잡은 돼지가
오늘 동회 술안주로 사용된다는 것을 알고 모두 좋아했다.

　아침 식사가 끝나자마자 동민들은 동회 개최시간이 아직 이른

데도 회관으로 몰려왔다. 사실은 동회 참석보다는 오랜만에 맛볼 수 있는 구수한 돼지고기 맛에 더 마음이 갔기 때문이다.

회의 시작을 낮 12시 정각으로 정해 놓았으니 이날 점심은 늦든지 아니면 건너 뛰어야 했다. 동민들은 시장끼를 참으며 회의 개최를 독촉했다.

넓은 동민회관의 의자는 앉을 자리마저 없어지고 회의장 뒷쪽 공간까지 꽉 찼다.

평소 동회의 참석은 한 집에 한 사람도 어려운데 오늘은 돼지고기와 막걸리의 유혹으로 한 집에서 부자 간 또는 조손 간, 모두가 참석하는 등 대 효과를 거두었다. 이곳저곳에서 회의 개최의 독촉이 쏟아졌다. 그러자 구수한 맛의 내음을 진동케하는 갓 삶은 돼지고기를 넓은 광주리에 푸짐하게 담아 회의장으로 들여놓고 막걸리 두말을 독에 부어 회의장에 펼쳐 놓았다. 구수한 돼지고기 내음과 시큼달싹한 막걸리 냄새가 어우러져 점심을 먹지못해 시장끼를 느낀 회의에 참석한 동민들을 환장하게 만들었다. 춤 넘기는 목소리가 이곳저곳에서 들려왔다. 나는 동회의 진행에 세밀한 계획을 마련하느라 시간을 늦추어 개회를 선언했다.

개회를 하자마자 "동회를 빨리 마치자"는 건의가 쏟아졌다. 나는 동민들의 건의를 받아들여 가급적 빨리 회의를 끝맺자고 하였다. 그리고 '새마을운동'의 취지를 상세히 설명한 후 우리 동리의 숙원사업의 과제로 남은 골목길 넓히기, 지붕 개량, 농로 개발, 블록담 쌓기, 대문 달기, 교량 건설, 제방 쌓기, 어린이 놀이터, 새마을 공원 등의 이루지 못한 사업들의 안건을 일괄 상정했다. 어안이 벙벙해진 동민들은 말문이 막혀 대답이 없었다.

그러자 동민들 중에서는 "현재 우리 동리 정도라면 '새마을 사업' 아닌 새마을 할배사업이라 할지라도 따라오지 못할 것인데 더이상 할 것이 무엇이 있냐'하며 반대 의견을 내 놓은 이들도 있었다. 나는 그 때 몹시 당황하였다. 그리고 다시 그 발언자에게 이해를 구하는 장시간의 설득을 했다. 회의 시간은 자꾸만 길어져 갔다. 동민들의 시장기는 더해만 가고 실내에 가득찬 돼지고기와 막걸리 냄새는 회의장 안의 열기를 더해만 갔다.

그 때에 이르자 회의장 일부석에선 "회의를 빨리 끝내자." "배고프다." 등 불평의 소리가 거세게 터져 나왔다. 그러나 진행자와 참석자 는 그저 묵묵부답이다. 시간은 자꾸만 흘러 갔다. 그러나 돼지고기와 막걸리 맛의 유혹 작전은 퇴장하는 사람을 없게 했다. 이윽고 참석자중 한 사람이 발언을 했다.

"우리 동민들은 무엇을 어떻게 하면 좋을지 잘 모르겠으니 조합장(그 당시만해도 새마을 지도자 명칭이 없었음)이 알아서 하도록 하고 우리들은 배가 고프니 술이나 한잔씩 하도록 하자"며 결론을 지었다.

이때를 놓치지 않고 나는 즉시 "지금 동의에 대해 여러분들 중 개의나 이의가 없습니까?"라고 물었다. 그러자 주민들은 "됐다 됐다. 이의 없다 이의 없다"며 배고픔을 못이겨 와르르 돼지고기 광주리와 막걸리 동이 쪽으로 몰려들어 맛있게 먹고 마시며 대 흥행이었다.

나는 동민들을 향해 제안된 원안대로의 새마을 사업 실행 결의가 만장일치로 통과했음을 선언하고 폐회했다.

그리하여 어려운 첫 관문인 새마을 사업의 선봉지로 유명한 내동리 방음동 새마을 사업은 이 같은 묘안의 결의를 거쳐 비로소 시작 되었다.

초가 없는 마을을 만들기 위해

새마을운동의 범국가적 시책의 점화는 조국 중흥의 거사였고 농촌 혁명의 봉기였다. 요원의 불꽃처럼 타 오르기 시작한 새마을운동은 마치 용광로의 쇳물이 녹아내리듯 방방곡곡 농촌지역의 대대손손 가난에 시달려 왔던 농민들의 가슴 속에 용해되어 번졌다.

조상들로부터 물려받은 묵은 빈곤의 때를 씻고 오직 잘 살아

▲ 가난의 묵은 때를 헐어버리고

보겠다는 일념의 소원성취를 위해 시작된 새마을운동은 날이 갈수록 열을 가해 갔다. 우리 동리 방음동은 다른 농촌지역에서 새마을사업을 시작할 무렵인 1970년도 당시에는 이미 기초사업이 끝난 시점으로 전 동민들은 우월감과 자신감에 가득차 사기가 충천해 있었다. 그러나 새마을사업 과제 중 가장 어려운 사업이 지붕개량이었다. 너무 벅차고 돈이 많이 드는 사업이라 동민들은 선뜻 받아들여지지 않았다.

나는 묘안을 생각한 끝에 인근 동 목수 4명을 초청하여 2명씩 2개조를 편성, 동민들을 각조에 배치한 후 지붕개량 사업에 착수했다.

대구에 있는 슬레이트 상회로부터 다량

▶ 곧고 바르게 골목길을 넓히고

의 슬레이트와 부속자재를 농창고 앞 광장에 쌓아놓고 제재소로부터 필요한 각재와 판자 등 건축 자재를 운반해왔다. 그리고 시범적으로 동리 아래, 윗쪽에서 가장 낡고 보기 싫은 초가집 2채를 헐어 버리고 표준적인 새단장의 지붕개량사업을 시공했다. 자기 돈 한 푼 들이지 않고 새집에 살게된 집주인은 '새마을 사업'은 '하늘 사업'이라고 기뻐하며 스스로 자진하여 새마을 사업에 성의껏 동참하였다.

지붕개량으로 새 단장이된 집을 보고서야 비로소 동민들은 앞다투어 자기집 지붕개량사업을 자청해 왔다. 하룻밤을 지내고 농창고 앞 광장에 가봤더니 그렇게 많이 쌓아놓은 슬레이트와 목재들이 모두 없어졌다. 너무 놀라 사연을 알아 봤더니 "지붕개량 사업을 하려는 동민들이 밤사이 서로 앞다투어 각자의 집으로 자재들을 모두 운반해 갔다"고 한다. 나는 슬레이트와 자재들이 없어진 빈 광장을 바라다보며 걱정했던 지붕개량사업의 성공을 예측하는 기쁨의 환희를 느꼈다.

2개 조의 지붕개량 작업반은 서로가 경쟁하며 밤낮을 가리지 않고 계속되어 불과 두달 사이에 초가 없는 마을로 변모되었다. 그리고 굴뚝을 쌓아 올리고 흰 석회로 벽을 바르며 시멘트로 부엌 바닥과 축담을 만들어 농촌주택 구조의 혁신을 이뤘다. 지붕개량사업이 끝난 후 슬레이트 지붕을 적, 청, 록의 삼원색 페인트로 조화있게 도색하고 보니 한 폭의 그림 속의 꽃밭을 보는 듯 아름다운 '새마을'로 일신되었다.

▲ 꼬부랑 골목길을 새마을사업은 이렇게 변모시켰다.

▲ 쌓아둔 지붕개량 자재

▲ 방음동 새마을 사업 시 동민 직영의 블럭 공장

넓혀진 담벽과 골목길

대대로 이어온 꼬부랑 골목길은 우리들의 유일한 유산으로 받아들여왔다. 이 반갑잖은 유산인 골목길을 훗날 자손들에게 남겨줄 자동차가 통행할 수 있는 골목길로 만든다는 것은 정말 어려운 일이었다. 최소한의 골목길 넓이는 4미터로 곧게 넓힌다면 10여 채의 집이 헐리게 되고 5미터 넓이의 곧은 골목길로 한다면 20여 채의 집이 헐려져야 하는 우리 동리의 실정이었다. 정말 고민에 쌓인 '새마을 사업'의 과제였다. 이 골목길 확장 사업은 각자의 이해관계가 얽힌 생사의 걸림으로 쉽사리 착수할 수가 없었다.

골목길 확장의 기본 원칙인 넓이와 구획선을 의논한 결과 한 대의 리어카가 통과할 수 있는 넓이는 2미터로 하고, 구획선은 가급적 곧게 한다는데 합의했다. 그러나 2미터의 골목길 넓이는 확장을 하나마나한 넓이이니 나는 최소한 5미터 넓이를 주장했다. 그러나 동민들은 막무가내다. 한 대의 리어카가 통행하는 골목길이라면 때에 따라서는 종일토록 리어카에 짐을 싣고 골목길에 나갈 수 없게 된다는 이치를 설명했다.

예를 든다면 윗쪽에 있는 집에서 리어카에 짐을 싣고 대문을 출발할려니 아래 골목길에서 리어카가 올라오고 있다. 그러면 한 대의 리어카도 출발하지 못하고 기다려야 하며 또다시 출발하려면 또 올라온다고 가정할 때 기다리는 리어카는 종일토록 출발치 못하는 경우가 생기며, 또한 골목길 중간 지점에서 2대의 리어카가 서로 만났다면 어떻게 피할 수 있느냐고 역설을 거듭했다.

이치의 타당성을 느낀 위원님들은 그제서야 두 대의 리어카가 통행 할 수 있는 폭 4미터 반 넓이의 골목길 확장에 합의했다. 나는 5미터 길이의 대나무 막대 두 개를 장만하고 긴 못줄* 두 개를 이어 줄 뭉치를 만들어 두었다. 그리고 술상을 준비토록 한 후, 평소 외지에 나가 태권도를 배웠다며 설쳐대는 불량스런 청년 4명을 불렀다. 이들은 내가 오라는 통보를 받고 몹시 불안한 모양이다. 나는 미리 붓글씨로 이들에게 줄 위촉장 4장을 써놓았다. 위촉장 내용은 "성명 누구누구, 위의 사람은 방음동 새마을사업 특공대원으로 위촉함"이라고 썼다.

이윽고 4명이 함께 찾아와 그 중 한 명이 "요새는 말썽부리지 않고 있는데 무엇 때문에 불렀습니까?"하고 불평 섞인 소리를 냈다. 나는 방문을 빨리 열어 그들을 반가이 맞으면서 방안으로 들어오게 한 후 준비해 둔 술상을 내놓았다. 그들은 의외로 정답게 대하는 태도에 눈이 둥그래졌다. 술을 한 잔 권했더니 불안했는지 사양하며 그들을 부른 사연을 궁금해 하길래 준비한 위촉장을 펼쳐 내용문을 읽고 그들에게 주었다.

그들은 "우리도 새마을 사업을 합니까?"하고 의아해 했다. 나는 그들에게 정중히 당부했다. "자네들은 우리 동리 새마을사업에 꼭 필요한 사람들이다. 내일 아침 골목길 넓히는데 자네들은 반드시 곡괭이와 쇠뭉치를 휴대하여 나와 내가 못줄을 당겨 치

---

* 못줄: 모를 알맞게 심기 위해 일정한 간격이 표시된 모내기 용줄.

고 "됐다"하는 소리로 신호를 하면 무조건 그 못줄선에 따라 닥치는 대로 때려부셔라"고 하며 그들에게 새마을 특공대 임무를 부여했다.

그들은 그제서야 기분이 좋아졌는지 차려둔 술잔으로 한잔씩 마시고는 펄펄 나는 기분으로 내일의 임무수행을 다짐하면서 돌아갔다. 이튿날 아침 일찍 동리사람들이 운집하였다. 과연 내집이 헐릴는지 이웃집이 헐릴는지 궁금증에 초조감마저 감돌았다. 나는 전날밤 골목길 확장의 구획선을 결정 지어 미리 곳곳마다 쇠말뚝으로 지면에 구멍을 뚫어 놓았다.

이윽고 확장 첫 지점에 못줄의 한쪽 끝을 꽂고 빠르게 달려가 다음곳 지면 구멍에 못줄 끝을 세우며 손을 들어 "됐다"하고 신호를 보냈다. 새마을 사업을 하기 위해 모여있는 동민들은 차마 못줄에 다른 이웃집을 부수기가 민망했든지 한사람도 나서지 않는다. 서로의 눈치만 살피며 슬슬 피하기만 한다. 이때였다. 난데없이 나타난 특공 대원들이다. 위촉한 특공 대원들은 눈을 부릅뜨고 함성을 지르며 곡괭이와 쇠뭉치로 못줄선에 따라 마구 부셨다. 부서진 마구간에서는 소가 튀어나오고 돼지우리에서 돼지들이 튀어 달아났다. 기가 차는 현장이다.

용감한 특공 대원들은 단숨에 제1선 파괴작업을 끝마쳤다. 동민들은 멍하니 넋을 놓고 있었다. 나는 5미터 대나무 장대를 4미터 반이라고 선언하고 제2선을 쳤다. 그랬더니 이번에는 기이한 현상이 일어났다. 내가 줄을 치고 "됐다"하고 신호를 하자 위촉한 특공 대원이 아닌 별동대 특공대원이 나타난 것이다. 위축한 특공대는 제1선 파괴때 힘든 탓인지 쉬고 있는데 난데없이 나타난 별동 특공 대원의 무리들이 눈이 뒤집힌 사나운 꼴로 제2선의 못줄을 따라 이를 악물고 부숴 갔다.

나는 눈을 의심하며 바라봤다. 그랬더니 그들은 다름 아닌 제1선에서 파괴당한 집주인들이었다. 그들은 자기 집이 파괴당해 약이 바싹 올라 죽으라고 못줄따라 부수어 댔다. 다음 차례의 골목길 확장에는 위축한 특공대원들의 활동이 필요없게 되었다. 골목길 확장이 거듭될수록 온 동민이 특공대로 변해져 골목길 확장의 혁명적인 새마을사업은 하루만에 끝났다. 그리고 5미터의 골목길 확장선에 따라 블록 공장에서 제작한 블록으로 정돈된 담벽을 쌓고 정해진 규격의 철대문을 세워 오늘의 방음동 새마을사업의 아름다운 5미터 넓이의 골목길로 변모되어 골목마다 자가용의 내왕이 가능해졌다.

숙원의 공동사업은 지도자의 지혜로

우리 동리 방음동의 마지막 숙원사업은 전깃불이었다. 그러나 아무리 숙원사업이라 할지라도 전깃불을 켠다는 동민의 꿈은 하늘의 별따기였다. 그러므로 당시 동민들은 아예 생각조차 하지 못하고 있었지만, 전깃불은 우리동민의 영원한 숙원이었다. 따라서

불가능을 가능으로 이룩하게 하는 것이 나의 신념인 새마을정신
이다. 그래서 동민들의 불가능 사업으로 생각하는 전깃불 켜기 사
업의 움을 트게 하였다. 1.5킬로와트의 소형 발전기를 구입했다.
그리고 긴 전선을 준비하여 동어린이 도서실에 전깃불을 켜 주어
면학의 성과를 올려주고 때로는 동회관 모임에 전깃불을 켜서 밝
은 전깃불의 혜택을 맛보게 했다.

청도 소리사에 부탁하여 이 고장에서는 처음으로 TV 1대를 설
치하였으며 관혼상례의 길흉사 집에는 무료로 전깃불을 켜주었
다. 이같이 간단히 맛보는 전깃불의 힘이 모이게 되어 전깃불 켜
기 사업의 결의를 하였다. 가급적 경제적인 면을 고려하여 대구에
서 헌 전주를 구입하여 동리 골목에 세우고 전업사에 부탁하여 전
선 가설을 완료하였다. 그리고 5킬로와트의 발전기를 구해 도정
공장 원동기에 연결 작동시켜 불가능의 숙원사업이었던 전깃불
을 집집마다 보내주게 되었다. 전깃불의 결과는 이 고장 농촌문화
의 혁신을 가져다주었다.

TV안테나가 이곳 저곳에 세워졌고, 길목마다 전축소리는 요란
하였다. 정말 새마을사업은 불가능이 없고 하면 된다는 많은 교훈
을 주었다.

새마을사업은 불효를 저지르고

나는 이제 인생의 석양 노을에 다다른 70고개에 이르면서 고향의 앞산 기슭에 모셔진 선고의 산소를 찾을 때면 남다르게 긴 기도를 올린다. 그리고 묘 등을 어루만지며 당시 효, 불효의 가늠을 하지 못해 저지른 잘못에 대한 용서를 빈다. 때는 한창 새마을 만들기 작업이 이뤄질 무렵이다. 선고께서는 고향 무적천 냇가에 물레방아를 설치하여 그런대로 생계를 유지하면서 군 제대 시에는 새 집까지 지어주신 여력이 있으셨다. 그러나 동민들은 거리가 먼 냇가 물레방아까지 벼를 지고 가야하며 오랜 시간의 도정과정이 불편하다며 현대식 시설의 동리 공동 도정공장 설립을 결의하여 시설 추진의 요청을 해왔다. 그 순간 마음의 결정을 하기까지는 착잡하였다.

지금까지 남 다른 자식에 대한 정을 쏟아 주신 아버지의 물레방아를 생각하니 동민들의 애타는 소원을 들어줄 수도 없고 동민들의 소원을 들어주려니 아버지의 물레방아가 걱정되었다. 정말 이러지도 못하고 저러지도 못할 기로에 서게 되었다.

그래서 며칠간의 고민 끝에 내린 결론은 대사에는 공과 사가 엄연히 구별되어야 하며 큰 일과 작은 일의 분명한 선택이 있어야 함을 깨닫게 되었다. 그리고 동리 도정공장 건설이 대사의 흐름으로 결정 지워져 하룻밤을 선택하여 아버지께 도정공장 설립의사를 밝혔다. 그리고 대사의 공익을 위해 결정한 이 아들의 청을 들어주시기를 애원하였다. 그 당시 선고(先考)께서는 한마디의 대답도 없이 한숨만 진동하듯 내쉬었다.

　그 순간 나의 마음속에 남겨진 학창시절, 은사님으로부터 배운 글귀 한 구를 생각했다.

　'신체발부는 부모로부터 받은 것이므로 이를 손상치 않음은 효의 첫 시작인 소효(小孝)이며 입신양명하여 업적과 이름을 크게 후세에 남겨 부모의 이름을 길이 높임은 효의 끝이 되는 대효(大孝)'라고 한 그 글귀를 되새겼다.

　그런 후 10마력의 원동기를 구입하여 현대식 시설의 부락 공동 도정공장을 설립함으로써 동민들의 숙원사업이 해결되었다. 그러나 폐허된 물레방아간을 바라보신 아버지의 심정은 아들에 대한 배신감과 불효의 한이 맺혀 사직 당국에 불효자 처벌의 탄원서를 제출하는 영원한 슬픔의 애화를 남기게 됐다.

　지금도 폐허가 된 물레방아간 언덕 위에서 이 아들에 대한 원한을 삼키시며 한숨 짓던 그날의 아버지 모습이 눈앞에 선하며 가슴에 못을 박는다. 그리고 먼 훗날 이 슬프고도 애처로운 부자간의 사연이 전해져 효, 불효를 가늠하는 전설로 남기고자 한다.

애향사업이 새마을사업이다

홍영기(문명교육재단 설립자)

이 세상 모든 사람은 고향을 가지고 있다. 그러므로 고향을 생각하는 마음은 고향사랑의 마음으로 변하고 고향사랑의 마음은 고향 위하는 일을 하고자 한다. 그러므로 객지에서 성공한 많은 사람들은 고향에 무언가 남기고자 하는 일들을 하고 있다.

재일교포가 모국의 일들을 하고 재부 향우회, 재경 향우회의 모임은 각자 고향에 헌신하는 일들을 하고자 함이다. 그러므로 그들이 하는 고향사업은 새마을사업과 일치되므로 고향사업은 즉 새마을사업이다. 새마을사업은 시와 때를 가리지 않으며 때와 장소가 따로 없다. 공익에 봉사하며 자아를 희생하는 거룩한 사업이면 그것이 곧 새마을사업이다.

이서고등공민학교 설립교사로 부임하여

앞에서도 설명 했지만 칠곡국민학교에 부임하여 교직생활을 한 적이 있다. 그곳 이서면 칠곡 지구는 7개 동이 모여 있다 하여 칠곡으로 이름 지어졌고 광활한 들판은 풍요를 이뤘으며 인심이 후하고 사람세가 유순하여 2년 간의 생활은 제2의 고향으로 정들게 했다.

김용수 어진 교장선생님은 항상 사기를 높여 주셨고 박자종 선생, 변 선생님 등의 많은 협조는 나에게 힘을 주셨다. 그러나 당시 그곳에는 중학교가 없어 아까운 학생들이 진학하지 못하고 국민학교를 마치면 그것을 끝으로 농사일에 종사하여야 했다.

이같은 농촌 청소년들의 교육의 단명은 너무나도 안타까웠다. 그러자 이서고등공민학교의 창설교사로 추천 받은 나는 너무나도 기뻤다. 당시 박영준 이서 면장의 끊임없는 협조로 이서국민학교 별관을 빌려 교실로 하고 중학 과정의 이서고등공민학교를 설립하여 제1회 학생모집을 했다. 의외로 많은 학생이 모집되어 성공의 첫 출발을 내딛었다. 사실 밑천 적은 내 지식으로 중학교 전 과정을 가르친다는 것은 벅찬 일이었다.

할 수 없이 화양읍에 있는 부산수산대학 재학생을 초청하여 함께 일하다가 대전동의 경북사대 출신인 예용해 선생님의 상봉으로 충실치는 못했지만 그런대로 중학과정의 수업을 진행해 왔다.

학교 부지를 장만하여 교사를 짓자니 돈이 없었다. 그러나 집요한 의욕과 성실했던 노력은 면장님의 적극적인 후원과 학부모님들의 성원으로 기금 모금이 확보되어 개교 1년 만에 아담한 둘래산 기슭의 현 이서고등학교 자리에 600평의 부지를 구해 교실 3칸을 신축하여 이곳 이서면의 교육 전당으로 새롭게 출발하게 되었다.

그 환희와 감격은 내 인생에 영원한 기록 속에 남겨 두고 싶은 추억의 장이 된다. 그때에 설립한 이서고등공민은 현 이서·중고등학교로 발전되었다. 그 후 그리워 찾은 옛 교정의 모습은 없었으며 둘래산 우거진 소나무 가지 사이로 불어오는 서늘한 바람을 타고 옛 정취의 추억만이 남기게 했다. 이서고등공민학교 설립시 나의 나이는 불과 25세였다.

구울선 도로의 개통

내 고향 대천동을 통하는 구울선 도로(지방도 제985선)는 약 60여 년 전 김우곤 선생께서 운문 면장으로 재직 시 도로명 그대로 대구와 울산을 잇는 최단거리 구간으로 인정되어 설정된 도로였지만, 완공을 보지 못한 채 버려진 구울선 도로는 해방 후 혼란기의 치안유지를 위한 군사 작전도로로 필요하여 대천에서 운문령까지의 통행은 가능했다. 그러나 대천에서 용성간 도로는 험준한 암반공사가 미시공 되어 개통이 불가능하였다.

고향 주민들은 언젠가 이 도로를 개통되게 하여 대천동 중심부의 네거리 지점의 번창을 원했다. 고향 사랑의 마음은 우리 고향 사람들의 숙원인 이 도로를 언젠가는 개통해 보려는 마음을 굳혔다.

그 후 군에 입대하여 김해 육군공병학교 폭파교육대 교관의 직책을 맡게되자 평소 품었던 고향사랑이 마음에 솟구쳐 구울선(대천, 용성간) 개통의 뜻을 굳혔다. 육군 공병학교 교장에게 고향 사정을 말하고 무모한 폭파반의 폭약소모를 유익한 방향으로 내 고향 암반폭파에 이용하겠다는 논리를 상신했던 바 고향 사랑의 성심에 감동되어 이를 허락 받고 공병학교 작전명령으로 청도군 운문면 대천동에서 경산군 용성면 곡란동까지의 구간을 폭파 교육장으로 지정해 주었다.

나는 당시 육군 대위의 계급으로 작전명령서와 20명의 폭파반을 인솔하여 고향 운문을 찾았다. 그리고 금천면 구역인 소천동 지점의 가장 험준한 도로의 암반부터 폭파하기 시작했다.

하루라도 빨리 도로개통의 꿈을 실현하기 위하여 폭약의 양을 많이 사용했다. 고요한 산골의 폭음은 천지를 진동하듯 울렸으며 암반의 파괴는 의외로 빨랐다. 그런데 하루는 대구 헌병대 본부에서 소환이 왔다. 알고 보니 금천면 유지인 박모 씨 외 여러 명이 용성 대천간의 구울선 도로가 개통되면 소천 동곡간 도로 통행이 적어 동곡의 발전에 저해가 된다며 군 폭파반의 불법 폭파행위를 하지 못하게 해달라는 진정에 기인된 것이다.

나는 당시 지역 간의 발전의식 경쟁의 골이 깊은 것을 깨닫고 소인배들의 좁은 견해를 탓하기도 하였다.

다행히도 지참한 공병학교 작전명령서를 제출하고 폭파반의

▲ 우정을 가졌던 예용해 선생님과 함께(왼쪽 홍영기 전 이사장님, 오른쪽 예용해 선생님)

▲ 운문사 주지 묘전 스님(가사 입은 분)과 강사 묘엄 스님(두루마기 입은)

정당성을 인정받아 무난히 폭파 공사를 진행시켜 1개월 만에 공사를 완공하고 용성 면장 박주석 씨와 운문 면장 서정준 씨를 함께 군 짚차에 태워 용성을 출발 대천동까지의 첫 개통을 갖게 했다.

당시 폭파공사 중 금천면 유지들이 소천 동민들을 앞장세워 공사방해를 하는 통에 정말 골머리가 아팠던 일들이 지금은 그 지역을 지날 때면 추억으로 되살아난다.

학교법인 문명교육재단의 조직변경을 마치고

신원, 방음, 오진 3개 동은 앞에서도 말했듯이 여러가지 지리적인 환경면에서 일찌기 개화된 곳으로 조선조 말엽인 광무년 말기에 김우곤(金禹坤) 장석표(張錫杓) 김상원(金相源) 이근호(李近浩) 성두현(成斗鉉) 홍석표(洪錫杓) 하민규(河閔圭) 홍석근(洪錫瑾) 제 씨 등 8인이 공동 발의로 문명학교를 설립하여 개화사상의 민족자주교육을 시작했다.

그 후 서기 1935년 3월에 이르러 위 8인의 사유재산 및 공동명의 소유 재산을 총 출연하여 재단법인 문명교육재단을 설립하고 기설 문명학교를 재단법인 사립문명학교로 개편하여 이를 유지 경영해 왔다. 그러자 해방직전에 이르러 사립학교 철폐정책의 강압으로 사립 문명학교를 공립문명국민학교로 귀속시키고 재단법인 문명교육재단은 목적없는 법인으로 존속되면서 옛 연고를 잊지 못하여 공립문명국민학교 후원사업을 지속해왔다.

나는 1960년 군 제대 다음해인 1961년에 당초 문명학교 설립 8인 중의 석(錫)자(字) 표(杓)자(字)인 조부와 석(錫)자(字) 근(瑾)자(字)의 삼종 조부의 연고로 재단법인 문명교육재단 이사장으로 취임하였다.

그리고 조부님을 위시한 7인의 거룩하신 유지를 받들어 재단법인 문명교육재단의 본연의 목적을 위해 임무와 책임을 다할 것을 굳게 다짐하였다. 나는 어린 시절 고향을 등지고 객지를 돌며 국민학교와 중학교를 다닌다고 외로움의 슬픈 눈물을 많이도 흘린 경험을 가진바 있다. 그러므로 자라나는 어린 학생들에겐 나와 같은 슬픈 눈물자국을 남기지 않기 위한 교육시설의 필요성을 느꼈다.

또 방학 때면 책가방을 머리에 이고 대천동 뒷산마루 성황당 고목 밑까지 바래다주시며 눈물을 지으며 어린 나의 손목을 잡고 공부 잘하고 오라며 작별했던 자비로운 어머니 모습이 회상되는 고향 뒷산 총산 기슭 양지바른 곳에 중·고등학교 설립을 결심하였다. 그래서 1966년 2월에 재단법인을 학교법인으로 조직 변경하고 고향 운문에 문명중학교 설립인가를 경상북도 교육감의 결재를 거쳐 문교부 장관에게 상신했다.

그러나 뜻밖의 일이 생겼다. 당시 문교부장관 권모 씨는 고집이 세기로 유명한 분으로 당시 전국 학생들의 데모가 심한 실정을 감안하여 중학교 인가를 하지 않는다는 전갈이 왔다. 나는 당시 이미 면민들의 성원으로 현재의 중학교 부지를 마련하고 교사 신축공사를 완료하여 문명고등공민학교를 개설하여 학생모집까지

해놓고 있는 상황이었다. 그런데 중학교 인가를 얻지 못한다면 많은 학생들의 중학졸업 자격이 문제였다. 나는 눈앞이 캄캄하여 급히 상경하여 문교부 장관 앞에서 '仰文明中學校認可(앙문명중학교인가)'라고 8자의 혈서를 썼다. 새끼손가락 끝의 찢은 자국의 피가 말라 글쓰기가 중단되자 찢은 칼자국을 다시금 칼로 찢을 때의 그

인가증

경북교문1071.4~제7호　문명고등공민학교

설립자 홍영기

서기1964년 3월 20일자거하가신청한 문명고등공민학교설립에대하여 다음과같이 인가 한다

서기1964년 4월 3일

경상북도교육위원회교육감 김 판 영

기

1. 명　칭　문명고등공민학교
2. 위　치　청도군 운문면 신원동1228번지
3. 수업년한　3 년
4. 학급수 각학년 1 학급식 전 3 학급
5. 학생정원 1학급 50명식 150명

1964.03.20_문명고등공민학교 설립 인가증

고통은 영영 잊지 못할 아픔이었다. 이렇게 해서 세워진 오늘의 우리 문명중학교와 문명고등학교는 이 고장의 장래를 이끌어 갈 많은 인재들을 배출시키고 있다. 아마 내 새끼손가락의 혈서 자국은 영원히 잊지 못할 고향 사랑의 흔적으로 남겨지리라 믿어진다.

운문사 정화사업을 시작하면서

호거산(虎据山) 운문사는 유서 깊은 절이다. 1천여 년의 사적이 면면이 이어져온 대찰로서 신라 초기 삼국통일의 꿈을 구현키 위해 이곳 운문산 일대에 세워진 5개 압사(가설갑사, 소보압사, 천문압사, 대작압사, 대비압사) 중 유일하게 존속되어온 대작압사의 원적지이다. 그러므로 대찰의 명성이 이어져 왔으며 이곳 주위의 부락 이름들이 운문사 번창시절의 역사를 말해주고 있다.

세 사람의 국사가 기거한바 있어 나라에서 대장군을 파견하여 사찰보위를 돌보게 한 장군들에게 녹을 지불했다는 장군평과 1천여 명의 승려들의 일용사기 그릇을 제작 공급했다는 사기점, 그리고 국사의 강을 받기 위해 왕이 머물렀다는 황정지(皇亭趾) 등의 이름들은 역사적인 실증을 말해 주고 있다. 이 같은 명승고찰의 존재는 이 고장 주민들에게 깊은 신앙심을 심어 주었다.

나는 어린 시절부터 어머니에게 이끌려 운문사를 자주 찾았다. 엄숙한 대웅전과 무서웠던 명부전의 부처님 앞에서 "귀여운 내 자식에게 복을 달라"며 빌던 어머님의 모습에 감화되어 자신

도 모르게 신앙 속에 젖어 있었다. 그리하여 제대 후 갖가지 마음
의 결단을 이곳 운문사 대웅전 부처님 앞에서 내리곤 했다. 새마
을 만들기 사업의 결정도 그러했고, 문명중·고등학교 설립 결정
도 그렇게 했다.

그러나 6·25때 운문사는 혼란기에 접어들어 운문사 일대에 근
거를 둔 공비들의 출몰이 심하여 사찰의 넓은 뜰은 잡초 밭이 되
었고 고찰의 처마 끝은 비가 새어 허물어져 갔다. 이름난 반송은
솔잎혹파리 병에 걸려 황색으로 죽어가고 도량과 담장은 무너져
폐허에 이르렀다. 운문사를 찾을 때마다 만나는 당시 비구니 유수
인 주지스님은 노구에다 몇 명의 스님만을 거느리고 근근이 사찰
을 지켰다. 언제나 봐도 애처롭고 초라한 운문사였다. 그러자 후
임인 묘전스님은 활발하시고 일을 하려는 의욕에 넘친 주지스님
이며, 학식 높고(동대졸) 엄전하신 묘엄강사스님께서 부임하셨다.
주지 묘전스님은 운문사를 오르내리며(그 당시는 버스가 자주 없었음)
중간지점에 위치한 나의 집을 자주 찾아, 쉬어 가시며 애로에 놓
인 운문사의 정화사업을 함께 도와줄 것을 부탁했다.

그러자 뜻있는 신도들의 주선에 따라 운문사 신도회장의 책임
을 맡았다. 그 당시 민가와 상가, 여관 등은 운문사 도량 가까이까
지 침범하여 속세에서 일어나는 가무향락의 잡음이 사찰도량 안
까지 울려 퍼졌으며 스님들의 수강과 생활면에 위축을 주었다.

나는 열성을 쏟아 모아 내 고향 명승대찰의 운문사 면모를 다
시 복구하기 위한 정화사업을 시작했다. 1차 운문사 경계확장을
해탈교 계곡선으로 지정 받아 사찰도량과 근거리에 인접한 상가

(김 씨 상점) 민가(장군평민가) 여관(오 씨 여관) 등 10여 채를 철거시키고 잔디 심기와 조림으로 사찰 경내다운 환경으로 조성했다. 그리고 풍치림의 도벌을 막아 운치좋은 풍치림 유지에 힘을 쏟았다.

또한 사찰소유의 전답을 재조사하여 수곡 납부의 규칙을 세워 사찰운영에 경제적 도움을 주고 교과 과정을 이수하고 졸업하는 스님들에게는 가사 지을 모시 한 필씩을 선사하여 정을 나누었다.

또 목욕탕의 신축과 도량손질을 함께 도와 드리고 반송둘레에 철책을 돌리는 등 운문사 새 면모의 정화가 이루어져 갔다.

그러다 4년의 세월이 흘러 주지 전 스님과 강사 묘엄스님은 김천 청암사로 이주하시고 그 후임에 부산에서 오신 주지 태구스님과 강사 명성스님이 오셨다. 태구스님은 일찍이 이 고장 신원동 황정리 출생으로 어릴 적 입문 후 큰스

▲ 운문사 관광단지, 잘 정비된 현재의 모습

님이 되시어 금의환향하는 이 고장의 인연 깊은 스님이며, 강사 명성스님은 동국대 불교과를 졸업하여 학식을 두루 겸비하신 훌륭한 스님이었다.

그분들의 부임은 신도회장인 나에게 많은 의욕을 주게 하였으며 자비하신 주지스님은 어릴 적 이웃들의 가난을 항상 동정하여 때로는 과감히 실행하려는 사찰 정화작업에 제동을 걸기도 했다.

그리고 지혜 많고 학식 높은 강사스님은 나의 과격성과 저돌성에 대해 때때로 설법을 인용한 충고마저 아끼지 않았으며 향나무로 새겨진 '永年同心'의 액자를 보내주기도한 고마움을 베풀어주었다.

태구스님의 주지 기간 동안은 정말 많은 정화사업이 이루어졌다. 대웅전 뒤쪽의 도량을 넓혀 농장을 일구고 신라시대 자연석 포장으로 경내 통로를 정비하고 도량 뜰 전체의 조화를 이룬 화단을 조성했으며 조사전과 칠성각을 반송 밖으로 옮겨 세워 아름다운 반송을 도량 안쪽으로 들게 하였다. 그리고 백운교와 극락교를 놓아 운문사의 현 모습의 기틀을 마련했으며 사찰입구 도로 양쪽 좌우에는 신도 한상우 씨가 한 줄, 내가 한 줄씩의 벚나무 꽃길을 조성했다.

또한 수도시설을 하고 자가발전 시설을 하여 스님들의 생활하는데 편의를 제공했으며 대웅전 번와 공사와 김현두 씨 집 위치선으로 2차 사찰경계 확장지정을 .받아 해탈교 지점에 사무실을 차려 비로소 문화재 관람료를 징수하게 했다. 그 후 다시금 광산 폐광을 위한 방도로 현 사찰경계선인 황정리 부락 상단부 선으로 3차 사찰경계 확장을 지정 받고 홍살문을 세워 경계확정을 한 후 운문사 소유의 버스공용 정류장을 현 위치에 설치했다.

이같은 8년 간에 걸친 운문사 정화사업 과정에서 신도회장으로서 직책은 너무나도 괴로웠다. 철거 당한 사람들의 원한의 소리, 풍치림 도벌꾼들의 악독한 원망의 소리, 많은 경작자들의 비웃는 소리, 그 소리들은 아직까지도 나의 귓속을 맴돈다. 그러나 옳고 바르고, 곧게, 공익을 위해 자아를 희생하는 영원한 새마을 사업은 꼭 이뤄져야 했다. 그 당시 운문사에서는 고맙게도 나의 당시 새마을정신을 길이 남겨주기 위해 백운교(사찰 덜머리 교량)와 극락교(사찰극락전 뒷쪽 교량) 난간 석주 한쪽 기둥에 '신도회장 홍영기'라고 새겨둔 음각의 일곱 글자는 지금은 모진 시멘트에 발라져 영영 찾을 길 없다. 그러나 비록 시멘트로 발라진 일곱 글자는 사라졌지만 영원히 운문사 뜰 안에 남겨진 힘찬 새마을정신의 숨길은 멈춤 없이 쉬고 있으리라 믿는다.

청도군민상을 제정하고

5·16군사혁명의 주체세력은 민족의 중흥을 위한 제3공화국을 탄생시켰다. 정부에서는 이 나라 하늘 아래 어디선가 말없이 묵묵히 일하는 참된 일꾼을 찾아내어 민족의 대열 앞에 세워보려는 취지에서 5·16민족상을 제정하고 그 대상인 인재를 찾고 있었다. 이때를 맞아 제대 후 8년 간에 걸친 보잘것없는 이 산골의 쇠똥소령에게 영광의 그날이 찾아 왔다.

전국에서 7명의 대상자 중 엄격한 심사를 거친 끝에 사회부분 시상자로 결정되는 보람을 안게 되었다. 화려한 시공관의 시상대에서 삼부요인이 참석하고 넓은 식장을 가득 메운 참석자들의 박수소리는 천지를 진동하는 듯 울려 퍼졌으며 군악대의 장엄한 축하 연주 속에서 대통령으로부터 5·16의 기장이 새겨진 상패와 거액의 부상금 100만 원을 받았다. 각고의 8년 세월 고통도 일시에 사라지고 민족의 큰 상인 5·16민족상을 받게 된 그날의 감격은 영원히 기억 속에 남겨질 기쁨이었다. 그러나 영광의 순간은 잠시이고 이 상을 타게 해주신 많고도 많은 내 고향 이웃들의 피나는 노력과 조언이 머리 속에 맴돌았다.

그리고 한참동안 생각에 잠겼다. 나로서는 오늘의 영광만으로도 보람을 느꼈으니 보상금 100만 원은 내 고향 청도에 바쳐 말없이 묵묵하게 내 고향을 위해 일하는 이웃을 찾아내어 오늘의 참뜻을 나누어 가져야 하겠다는 결심을 하게 되었다.

그리하여 귀향 즉시 당시 청도 군수 하만정 씨를 방문하고 100만원의 수상금을 거침없이 청도군민상 기금으로 기증하였다. 그리고 내 고향 청도를 지켜주는 사회·산업·건설 부문에서 탁월한 공을 세운 참된 일꾼을 찾아 그 공을 높여 달라며 간곡히 당부하였다.

내 고장의 백윤기 씨, 박욱현 씨 등은 청도군민상의 영광스러운 수상자들이다. 그러나 시상식의 경비 과다 지출의 요인이 기금 잠식의 결과를 낳게 하여 성의를 다해 제정한 '청도군민상'은 제3회 시상식을 마지막으로 끝을 맺고 말았다. 영원한 고향사랑의 뜻이 담겨진 청도군민상을 이렇게 끝낼 수 없으며 영원한 지속을 위해 나의 생애 중 꼭 복원시켜야 할 평생의 소원으로 남아있다.

숙원의 운문대교를 가설하면서

홍수가 나면 내 고장 운문은 두개의 섬으로 나누어진다. 대천동내의 물이 많아 수북과 수남 사람들은 내왕이 두절된다. 이 같은 실정으로 운문에서 뜻을 가진 사람이라면 누구나가 운문교 가설의 숙원을 지녔다. 그러나 너무나도 거액이 드는 공사로 넓고도 넓은 한내에 길이 250미터의 교량을 가설하기란 쉽지 않은 문제였다.

전술한 바 있지만 운문대교 가설의 기틀은 1965년경 고향출신 청도군수 박재복 씨가 부임하면서 부터 싹이 트기 시작하여 당시

▲ 문명제전의 그날

▲ 청도경찰서장 옥기진 씨와 함께 문명제전을 참관하며(앞줄 왼쪽 옥기진
서장, 홍영기 전 이사장, 대구지방법원 김석주 판사)

158

면 유지 최도식, 유창무, 그리고 나를 포함 많은 사람이 모여 면민대회를 개최하여 우여곡절 끝에 결의를 지어 전 면민의 성금을 모았다.

이 당시 나는 운문대교 가설추진위원의 한 사람으로 운문사 신도회장 명의로 100만 원, 문명교육재단 명의로 50만 원의 거금을 기탁하여 운문대교 가설 성금모금에 크게 이바지 해주었다. 그리하여 1966년 10월 19일에 기공식을 올리고 그 후 3년 간 계속 공사하여 오늘의 운문대교가 완공되었다. 때때로 지나면서 생각하는 나의 머릿속에는 운문대교 가설에 담겨진 우리 면민들의 성의와 노력이 항상 자랑스럽게 생각되며 수몰되는 안타까움에 가슴이 메어진다.

삼계리 계곡을 이름난 명승지로

운문령 고개를 정상으로한 삼계리 계곡은 숨겨진 계곡이다. 삼계리 계곡의 전설란에서 기술한 바와 같이 이 고장에 남겨진 많고도 많은 전설과 아름다운 계곡과 폭포 등은 삼계리 개발의 요인이 된다.

그러나 버려진 이 계곡의 개발을 위해서는 누구하나 손을 써주지 않지만 새마을정신으로 일하고 또 일한다면 언젠가는 꼭 명승지의 이름을 가지리라는 신념을 굳혔다. 그리고 신념의 꿈을 펴기 위한 새마을사업을 시작했다.

가난에 시달리는 몇 집 안 되는 그곳 주민들의 힘으로는 전기 가설의 힘이 없음을 알게 된 나는 전기 가설비의 반액 부담을 쾌히 승낙하여 삼계리 개발에 힘을 주게 하였고, 정기 버스노선을 개설하여 버스 왕래의 편의를 제공했다. 예로부터 전해오는 허물어진 동(洞)수호신을 모시는 성황당을 신축해주고 곱게 단장하여 새 면모의 삼계리로 일신시켰다. 천하대장군, 지하여장군의 돌장승 건립과 전화선의 가설도 완료했다. 년년세세로 수백 본을 심어둔 벚나무에는 아름다운 벚꽃이 피고, 시냇가에 심어진 느티나무에는 비료를 주어 무성하게 어울리도록 손질을 했다.

이같이 정성어린 새마을정신의 결실은 불과 3년 간의 노력으로 삼계리 계곡의 명성을 얻게 하여 근년에 이르러 봄철에서 가을철까지의 행락객들의 수는 수만 명에 이르게 되었다. 삼계리 지구의 전설 집을 발간하고 TV방송사의 홍보의 결과는 이제 옛날의 초라했던 산골마을의 삼계리가 아니고 양옥의 별장들이 지어지며 도로가 비좁도록 모여드는 자가용의 행렬에 몸살을 앓게된 관광명소로 널리 알려졌다. 한번 먹은 새마을정신의 신념은 하늘도 무심치 않고 돌봐주는 결실의 열매가 맺게 된다는 좋은 교훈을 이 고장에 깊이 심어주게 한 것이다.

면민 축제를 위한 문명제전을 개최하고

우리 고장 운문에는 단합과 친목을 위하는 축제가 없었다. 문명중·고등학교가 이곳에 설립된지 2년 후인 1968년 맑은 중추의 초가을 날을 택하여 넓은 중·고등학교 교정에는 만국기가 휘날리고 학교 주위의 둘레에는 차일*을 친 음식점들이 즐비하게 차려졌다. 그날이 바로 모든 이웃이 한자리에 모여 잊었던 얼굴을 다시 찾고 헤어졌던 이웃들을 다시 만나 기쁨과 안타까움을 함께하여 못다했던 옛 이웃 정을 다시 나누며 각자들이 가진 기와 힘을 겨루어 우리 고향 운문의 단합과 친목을 도모하는 전 면민의 축제인 문명제전의 첫 번째 개최 날이었다. 각동리 대항의 단체 농악놀이와 씨름 경기의 상금은 송아지 한 마리씩이 걸려 있고 기타 남녀부 윷놀이판과 육상경기에는 쌀 한 가마니씩의 푸짐한 상품이 걸려있다.

이같은 면민 축제인 문명제전의 모든 경비는 내가 운영하는 문명교육재단의 단독부담이며 전 면민들은 부담없이 즐기고 만족하는 즐거운 축제였다. 수백 명의 내 이웃들이 모여들어 해가 저물도록 기뻐했던 그때의 문명제전은 해가 거듭될수록 성황을 이루었는데 내 고향 운문을 용궁에 바치는 그날이 다가오면 영원한 추억의 한 장으로 남아야 할 것이다.

*차일(遮日): 햇볕을 가리기 위(爲)하여 치는 포장(布帳)

문명이 남기고 싶은 일들

해가 뜨고 달이 지는 자연섭리의 반복은 어언 또 한해를 맞이하여 슬기로운 문명제전의 날이 다가왔습니다. 우리들의 힘과 뜻, 그리고 기가 한데 뭉쳐 펼쳐지는 이 문명제전이 거듭될수록 문원의 연륜도 쌓이고 우리의 보금자리인 문명전당의 역사 또한 깊어 가고 있습니다. 운문령 기슭에 세워진 우리의 문명은 이때껏 지내온 기록의 역사들이 너무나도 많았습니다. 어두웠던 지난날에 민족의 봉화가 되어 겨레의 나아갈 길을 밝혀 주었으며 문명의 새 시대적 조류 속에서 이 겨레 젊은이들의 청운의 뜻도 충족시켜 주었습니다.

기미년 3월 1일의 민족적 자주독립 만세 소리가 우리 문명의 기틀 위에서 이 지역 넓고 높게 울려 퍼졌으며 뜻을 가진 수많은 독립지사들이 따뜻한 문명의 품속으로 끼어들었습니다. 신학의 배움소리가 이 고장에서 높아졌고, 오고가는 애국의 뜻이 문명의 기틀에서 이뤄졌습니다. 찬란했던 지난날의 갖은 역사들에 뒤지지 않게 오늘의 우리 문명, 또한 양양하기만 합니다.

이 지역 주민들의 염원을 풀어주기 위하여 아담하게 세워진 문명중·고등학교는 정말 우리 농민의 자녀들도 국가 동량의 인재로 키워 보려는 푸른 꿈에 가득 차 있으며 혈육으로 이어온 수많은 우리들의 부모 형제가 한 자리에 얼싸 모여 슬기롭고 씩씩한 하루를 보낼 수 있게 된 오늘의 문명 제전 또한 이 고장의 자랑입니다.

이는 우리 고장이 가진 민속·예술·문화면에 있어 위대한 도약이며 나아가 이 고장 주민들의 단결과 협조가 더한층 이뤄지는 계기가 될 것입니다. 힘차고 우렁찬 학부형들의 환호의 기쁨은 이 지역 현실의 발전이 거듭되고 있으며 힘차게 뛰고 노는 건아들의 샛별같이 빛나는 눈동자의 정열은 내일의 새역사가 어김없이 창조되리라 믿어집니다. 못 살았던 가난 속에서 묵은 때를 말끔히 씻고 못 배워서 울부짖던 슬픔의 눈물도 흔적을 가시어 그 때 그 시절의 지난 사연들을 이제 옛 이야기로 돌려야 하겠습니다.

그러나 그토록 없이 살던 그때 그 시절에 가졌던 서로의 다정한 인정만은 우리들 가슴속 깊이 꼭 간직해야 하겠습니다. 우리들은 '한 사람의 힘으로 움직일 수 있다면 두 사람의 힘으론 구를 수 있고, 세 사람의 힘으론 던질 수 있다.'는 협동의 진리 또한 잘 체험해 왔습니다. 우리들은 결코 한 사람 한 사람이 헤어져 외로이는 살 수가 없습니다. 어디까지나 서로 돕고 서로 뭉쳐 하나가 되어 외롭지 않게 살아야 하겠습니다.

오직 이 고장을 지키고 이어 가는데 만은 너와 내가 없어야 하겠습니다. 그러기 위해서는 내 자식 내 손자에만 훌륭하게 교육시켜 남다르게 출세시켜 보려는 사리감(射利感)에 휩싸여서는 안 되겠습니다. 이 고장에 커가는 힘찬 새싹들은 모두가 다 내 자식이요, 내 손자로 훌륭하게 길러내어야 하겠습니다. 가난에 쪼들려 학업을 계속하지 못하는 서러운 학생이 있다면 이는 곧 우리들의 서러움이요, 내 자녀들의 서러움이요, 내 자녀들의 슬픔으로 직감해야 하겠습니다.

이 원한! 이 슬픔을 꼭 풀어주기 위한 길을 티움은 오늘의 우리에게 부여 될 크나큰 사명이며 또한 이 지역으로서 앞서 가져야 할 과제임을 느껴 봅니다. 이 사명의 구현이어야 말로 현실의 우리들이 꼭 남기고 싶은 일 들의 하나일 것입니다. 이제 이 영원한 꿈속의 포부와 소망을 달성시키 기 위하여 우리의 문명이 홀연히 나섰습니다. 일천만 원 문명장학 기금의 열띤 모금 운동은 꿈에 부푼 몽상이 아니라 현실의 기적으로 쌓아가고 있습니다. 이 거업의 성취가 이뤄지는 그날이 다가올 땐 공납금 없는 문 명중·고등학교의 구현이 이 지역에 이룩될 것입니다. 그리하여 가난의 수 심 속에서 활짝 핀 새싹들의 가슴속 깊이 내일의 새 희망과 더 높은 이상 들을 심어 주어 훌륭하고도 참된 인재들이 이 교문으로부터 줄이어 배출 되게 만들고 싶어집니다. 이 영원한 불멸의 토대가 바로 문명이 남기고 싶은 일들의 유일한 소망임을 다시 한번 느껴봅니다.

아 아 문명아 너 영원하라!

홍영기(문명교육재단이사장)

아 아 문명아 너 영원하라!

내 고향 어머니들의 즐거움을 위하여

어머님의 사랑은 하늘같이 넓고 바다 같이 깊다. 어머니 은혜가 울려 퍼지는 5월 8일이 되면 우리 고장 문명중·고등학교 넓은 강당에는 자리가 비좁을 정도로 이 고장 모든 어머니들이 꽃을 꽃고 모여들었다. 어머니 은혜를 오늘 하루만이라도 되새겨 보려는 학생들의 효심에 대한 기쁨으로 주름지고 찌그러진 우리 고장 어머니들의 얼굴을 활짝 펼 수 있게 되는 날이다.

그리고 강당 단상에서 벌어지는 연극, 부채춤, 포크댄싱 등의 귀여운 자녀들의 발표를 보고 박수를 치며 하루 해를 즐기던 문명중·고등학교의 어머니 날 행사는 우리 고장 운문에서만 볼 수 있는 부모 보은의 뜻 깊은 행사로 나의 새마을정신에 대한 집념이며 새마을정신의 철학에서 우러난 새마을 사업의 일환 중 하나이다.

운은장학회를 설립하여

대대로 이어온 가난의 씨앗은 좀처럼 뿌리가 뽑히지 않은 채 내 고향 운문에 남겨져 왔다. 머리가 좋은 학생이 가난에 쪼들려 학교를 중퇴하거나 상급학교로 진학하지 못하는 실정을 볼 때면 나의 가슴은 무너지듯 아픔을 느꼈다. 가난을 막아 머리 좋은 학생들의 공부를 계속시켜 내 고향 운문을 빛낼 수 있는 인재를 양성함은 나의 평생소원이며 고향 사랑하는 마음의 소명임을 느꼈다. 그리하여 시작한 것이 고생스런 장학금 구걸이었다. 1,000명의 친구를 찾아다니며 많게도 적게도 말고 1인당 1만 원씩의 장학금 동냥을 얻어내면 1천만 원의 장학 기금을 모을 수 있다는 내 나름대로의 계획을 세운 후 장학금 구걸을 시작했다. 부산의 향우들에게 뜻을 전하여 장학금 기금의 협조를 얻고 대구의 친우들에게 이야기하여 장학금 구걸을 했다. 장학금 구걸에 정신이 팔린 그때의 내 모습은 돈 사람과 같이 보였다. "홍영기를 만나면 돈 1만 원을 내야 한다"는 돌림 말이 전해져서 때로는 친한 친구가 말하기를 "돈 1만 원 가지고 뭐 할라 하노"하며 묻기도 했다.

운문사 스님들을 만나서도 장학금 구걸을 했고 사돈을 만나서도 장학금 구걸을 했다. 그리고 맏아들인 택권의 결혼식 비용을 줄여 150만 원의 장학기금을 조성키로 했다. 이같이 모아진 장학기금은 1천 만 원에 달했고 그 기금의 이자로 문명고등학교 졸업생 중 서울대학, 3군사학교, 서울명문대학인 연·고대 입학자에게는 각 40만 원씩, 지방국공립대학교 합격자에게는 30만 원씩, 그리고 기타 대학교 합격자에게는 20만 원씩의 장학금을 년년세세 지불했다. 그래서 지금 모은 장학기금 총액이 3,000만 원에 달하고 있다. 이 장학회 목적은 문명중·고등학교 후원에 두고 있으며 운은장학회라고 칭했다.

운은장학회의 존속은 고향 운문이 용궁에 바쳐져도 영원히 인재 양성의 밑거름이 될 것을 여물게 다짐해 둔다. 내가 이룩한 위와 같은 고향사랑의 고향사업들은 어릴 적 뛰놀던 운문에서 싹터 자랐고, 운문에 바쳐지는 인과의 열매임을 깊이 깨달으며 오늘의 이 보람들이 내 고향 이웃들과 다 함께 나누어지기를 이 기록 속에 남겨둔다.

박정희 대통령을 모시고

홍영기(문명교육재단 설립자)

대통령이 오시다

새마을사업의 불길은 요원의 불꽃처럼 퍼져나가고 방방곡곡 마을마다 새마을 노래의 합창은 대지를 진동시켰다. 그리고 또한 앞서가는 마을, '살고파마을'인 방음동 새마을 사업의 명성 또한 널리 퍼져 나갔다.

인근 새마을 지도자는 물론이고 군내 전 부락 새마을 지도자들이 줄을 이어 모여들어 방음동 새마을 사업의 견학을 하고 갔다.

현대식 건물의 농민회관, 비료와 수매곡을 보관하는 큰 농민 창고, 부락 공동 농기구를 보관하는 농기구 창고, 위생시설이 갖추어진 목욕탕, 시설이 완비된 도정공장, 전깃불을 밝혀주는 발전실, 가마니와 새끼를 기계로 작업하는 가마니 공장, 특산 산채를 육성하는 묘포장, 잉어와 붕어들을 양식하는 양어장, 불쌍한 할머니들의 합숙소인 양로원, 동민의 일용품을 공급하는 구판장과 이발관, 농촌 학생들을 위해 시설된 도서실, 어린이 놀이터, 부녀자들의 공동 재봉실, 앰프방송실, 공동 퇴비장 등의 갖가지 시설들을 방음동을 찾는 모든 방문객들에게 첫 번째 놀라움을 주었고 3원색의 도색으로 꽃밭같이 가꾸어진 지붕 개량의 아름다움, 각종의 놀이기구를 시설한 어린이 놀이터, 도시공원을 능가할 정도로 만들어진 새마을 공원, 5미터 폭으로 넓고 곧게 연결된 골목길과 견고히 쌓여진 하천 제방, 꽃내에 가설된 많은 교량들, 뒷산 계곡물의 유도를 위해 시공된 200미터의 콘크리트 복개 수로, 판에 박은 듯한 블록 담벼락, 집집마다 설치된 철대문의 구조 등등에 방음동 방문객이 두 번째 놀라움의 함성을 올렸다. 동민들의 새마을 사업 성공은 높은 사기와 긍지를 갖게 되었다. 그러던 어느 날 뜻밖에도 기쁜 소식이 전해왔다.

그날이 바로 1972년 3월 24일이다. 대통령께서 친히 방음동 새마을 사업을 시찰하신다는 소식이다. 이 소식을 전해들은 나는 정말 놀랐다. 그리고 전 동민은 한없이 기뻐했다.

오전 11시경이 되자 검은 양복차림의 청와대 경호원 2명이 007가방을 들고 나를 찾았다. 그리고 동리 앞 논들을 가리키며 흰색의 헬리콥터 착륙 지점 3개소를 표시해 달라고 말하고는 나와 함께 대통령을 안내할 경로와 설명 지점 등을 예고해 주며 소요 시간은 약 20분으로 정해 주었다. 즉 대통령께서 헬리콥터에서 내리시면 어느 지점까지 배웅 나가서 인사드리고 동네 입구까지 길을 안내한 후 동네 앞 방음 제1교 교량 위에서 멈추어 동네 전경이 보이는 방향을 향해 새마을 사업의 현황을 설명해 달라는 내용으로 지시하였다.

그러던 차에 청도 경찰서 경찰들이 도착하여 이곳저곳 산 중턱에 경계 배치되고 청도 옥기진 경찰서장을 위시하여 이원도 청도 군수 등 각 기관장과 많은 주민들이 모여 대통령 오시기를 기다렸다.

선발 대원인 경호원 2명은 도착시간이 넘었는데도 대통령의 헬기 소리가 들리지 않자 몹시 당황한 모습으로 손목시계를 자주 들여다보면서 고개를 갸우뚱거렸다.

무엇인가 계획이 변경된 것 같다는 이야기를 서장님과 귓속말로 나누는 것 같았다. 순간 나의 머릿속에는 대통령의 방음동 방문이 변경된 것 같은 불길한 예감이 들었다. 초조한 순간이었다. 그러자 선발 경호원이 무선전화기로 어디엔가 연락을 해보는 것 같았다.

그리고는 긴장된 표정으로 서장님 곁으로 다가가 청도군 운문면 지역인 방음동을 잘못 알아 경주군 산내면 신원리에 내리셨다가 이제 막 이곳을 향해 대통령께서 출발하셨다며 곧 도착될 것이니 서장과 군수 그리고 새마을 지도자 되는 분은 영접 지점에 가서 대기하라고 전했다.

영접 지점인 동리 앞 농로 어귀에 도착을 하자마자 3대의 대형 헬기가 요란한 프로펠러 소리를 내며 표시된 헬기장에 착륙했다. 그리고 3대의 헬기에서는 많은 수행원들이 내렸다. 박정희 대통령을 위시하여 내무부 장관 김현옥, 농림부 장관 김보현, 경북지사 구자춘, 경호실장 박종규, 농협중앙회장, 대통령 비서실장 등 그 외 많은 고관들이 수행했다. 나는 대통령과의 만남이 이번이

처음이 아니다.

군 재직 시 육군 제7사단 관내의 군 보급로를 담당하는 제107 공병대대 중대장 시절 당시 육군 소장으로 사단장 직책에 계셨던 대통령을 자주 뵈온 적이 있으며 5·16혁명 후 전국 리동 농협 단위조합장 전국대회 시 서울 비원 넓은 뜰에서 농민을 위한 잔치를 베풀어주신 그때 뵈온 적이 있고, 특히 5·16민족상 수상식장과 청와대 초청 연회장, 경회루 오찬 초청 연회장 등에서 자주 만나 뵌 적이 있다. 그러므로 내 고향 방음동에서 박 대통령의 뵈옴은 낯익은 친밀감을 갖게 했다.

나는 헬기에 내리시어 일행의 앞에 서서 걸어오시는 대통령께 다가갔다. 그리고 정중히 이 산골까지 오신 노고와 영광에 대한 인사를 드리자 손을 내밀어 악수를 굳게 하시며 "귀관이 솟똥소령이야?" 한 후, "솟똥소령 이야기는 서울에서도 들었지" 하시고, 거수경례를 올리면서 신고하는 경찰서장에게 고개를 끄덕이며 내가 안내하는 길을 따라 동리 앞 꽃내에 놓여진 방음 제1교 교량 중간 지점에 이르렀다.

물론 안내한 길은 선발 대원의 사전 지시를 받은 그대로의 코스였다. 때가 좀 일렀지만 꽃내 양쪽의 수양버들은 푸른색을 짙게 하고 복숭아와 살구꽃의 봉오리가 붉은 색을 띠고 있었다.

박 대통령께서는 동리 앞 냇가 이른 봄의 농촌 경치를 생각에 잠겨 바라보시다가 "꼭 내 고향 같구만" 하시며 희색을 띠우면서 서슴없이 동리 쪽 골목을 향해 걸으셨다. 수행원 모두가 어리둥절 했지만 경호원들은 빨리 움직였다.

당초 계획이 변경되었기 때문이다. 내가 당황하며 빠른 걸음으로 대통령 옆으로 다가가 동리 복판 골목길을 안내하였다. 잘 쌓여진 블록 담을 가리키시고 규격된 철대문을 유심히 살피시며 골목길 석축 윗부분 시멘트로 마무리 지어 규격진 경계석을 나열시킨 부분을 보시며 걸어가시다가 "귀관 공병이었지" 하고 물으셨다. "네"하고 대답하자 "공병이니 이렇게 했겠지" 하시며 나를 보며 좀처럼 웃음이 없으신 대통령의 입가에 웃음을 띠었다.

일부 골목길에는 한창 담벽을 헐고 집을 부수는 작업이 진행되고 있었다. 먼지가 충천하고 거름이 날렸다. 경호원 한 명이 다른 골목으로 안내하라고 눈짓을 해왔다.

나는 급기야 대통령께 이 골목을 비껴가는 다른 골목길로 안내하려고 했다. 그러자 대통령께서는 "새마을 사업 시찰인데 새마을 사업하는 것 봐야지" 하시며 가시던 골목길을 그대로 앞서 가셨다. 정말 민망할 지경이었다. 그러나 대통령께서는 조금도 거리끼지 않으시며 작업장 골목길로 들러서 일하는 동민들의 손을 일일이 잡으시며 "수고하십니다. 수고하십니다"며 인삿말을 건네주셨다. 넓은 동리 골목길을 통해 한바퀴 도신 후 동네 어귀 원 위치에 도착하셨다. 많은 사람들이 줄을 지어 대통령의 환송을 준비하고 기다렸다.

경호원 중 일부는 시찰이 끝난 것으로 보고 헬기 쪽으로 뛰어가고 있었다. 그러자 동리 농민회관을 보시고는 "저것이 회관이야?" 하시며 나에게 물으셨다. "네" 하고 대답하자 "회관 참 잘 지었구먼" 하시고 회관으로 들어가셨다.

그리고 회관에 놓여진 의자에 앉으시고 "솟똥소령! 이야기 좀 해보자" 하시며 나를 불렀다. 모든 수행원들은 의외의 일들이 생겨나자 넋이 나간 듯 보였다. 나는 준비물이 없었다. 20분이란 짧은 시간의 현장시찰이라기에 상황 보고를 할 준비를 하지 않았다. 다만 회관 한쪽에 놓여진 한 장의 새마을 사업 계획서가 있기에 그것을 대통령 옆자리에 갖다 놓고 이제 둘러보신 골목길 상황 등을 보고 드렸다.

⋯⋯⋯⋯⋯⋯ 새마을정신의 철학을 보고하다

방음동 새마을 사업의 계획과 실천을 보고 드리자 수행한 지사님과 내무부 장관님은 연방 시계를 들여다보았다. 그것은 나에게 주는 독촉의 신호로 받아들였다. 그러나 대통령께서는 느긋하신 태도로 나와의 대화를 이어가셨다.

박정희: "귀관은 내가 펼치는 새마을 사업을 어떻게 생각하나?"
홍영기: "정말 농촌을 잘 살게 하려는 각하의 신념이 담긴 운동으로 생각합니다. 새마을 사업이 아니었더라면 대대로 이어온 가난의 때가 적셔진 초가지붕을 영원히 개량할 길이 없었다고 봅니다. 그리고 꼬부라진 골목길을 곧은 길로 만들 수가 없었습니다. 각하의 새마을운동으로 모든 농민들의 한을 풀게 된 것 같습니다."

박 대통령: "귀관의 동리 골목길은 너무 넓힌 것 같은데?"

홍영기: "골목길을 넓히는 일은 또 하고 또 하는 일이 못됩니다. 이제 우리세대에 넓힌 골목길은 영원하게 남겨질 우리 동리의 유산이 될 것입니다. 지금의 현실에서 리어카가 다니고 경운기가 다니는 것만으로 만족해서는 안 된다고 생각합니다. 먼 훗날 우리 농민들도 잘 살게 되면 수줍게 커서 시집가는 농촌처녀들이 자가용을 내집 마당에서 타고 신혼여행을 떠나는 그날을 생각하여야 하며 농산물의 수송도 골목길까지 져내갈 것이 아니라 집마당에서 싣고 출발하는 그때를 예상하여 새마을 사업이 시작된 이 시기에 그 정도의 폭인 5미터는 넓혀야 합니다."

박정희: "농촌에도 양로원이 필요한가?"

홍영기: "네, 농촌에서도 꼭 필요합니다. 이 고장 내 농촌을 오늘까지 지켜주신 분은 나이 많아 병들고 꼬부라진 불쌍한 할아버지와 할머니들입니다. 그분들은 이 고장 이 농촌이 좋다고 젊고 아름다운 신랑신부의 모습으로 이곳을 찾아 살아왔습니다. 손바닥만한 내 소유의 땅도 없고 초가삼간의 내집마저 없으면서도 오직 애향의 일편단심에서 이웃의 일을 돕고 이 터전을 다져 오늘날의 이 농촌을 있게 해주었습니다. 세월이 흐름에 따라 자식들이 장성하고 살기가 어렵자 자식들은 뿔뿔이 도시로 도시로 흩어져 가버렸습니다. 살기가 고되어 할 수 없이 도시의 자식들을 찾아 나선 할머니와 할아버지들은 농촌에서 못 산 자식들이 도시라해서 잘 살리 없는 가난의 처지

를 알아차리고 다시금 늙고 병든 몸으로 잊지 못할 고향에 돌아오게 됩니다. 그러나 이제 쓸모없는 그분들을 반가이 맞아줄 이웃들은 그리 많지 않습니다. 하루 이틀은 몰라도 언제 어떻게 될지 모르는 그분들의 처지는 방 한 칸을 구할려고 해도 힘이 들며 한끼의 식사마저도 걱정해야 하는 불쌍한 할머니, 할아버지들이 많습니다. 농촌의 양로원은 이런 환경에 놓인 그분들을 모시어 동민들이 주번으로 쌀을 모아 배급해주고 나무를 해와 따뜻한 방에서 여생을 편히 살게 해주는 곳입니다. 그러므로 농촌의 양로원은 꼭 필요한 것입니다."

박정희: "귀관은 새마을 지도자를 자원했는가?"

홍영기: "제가 새마을 지도가 된 것은 자원도 아니고 선임된 것도 아닙니다. 나도 모르고 동민도 모르는 사이에 새마을 지도자가 되어 버린 것입니다. 새마을 지도자는 자기 것을 좀 가져야 되겠습니다. 아무리 철저한 새마을정신을 가진 지도자라 할지라도 내 것이 없으면 동민들이 불신을 합니다. 그리고 또한 내 것을 가진 자라 할지라도 새마을정신이 투철하지 못하면 내 것이 아까워 솔선 실천할 수 없어 동민들을 이끌기가 곤란합니다. 제가 겪은 새마을정신이란 불교의 자비심과 기독교의 사랑과 유교의 도덕심이 합해진 교리를 가진 오늘에 새마을 종교라고 생각합니다. 새마을 종교의 신앙심 없이는 새마을정신이 우러날 수 없으며 새마을 사업을 할 수 없다고 생각합니다. 불쌍한 이웃의 슬픔은 내가 대신 가져주고 나의 기쁨은 이웃에게 나눠줄 줄 아는 부처님의 자비심, 빈부귀천

의 구별 없이 모든 내 이웃에게 보낼 수 있는 따뜻한 예수님의 사랑, 공사를 구별하고 정·부정의 명확한 판단으로 사욕에 치우치지 않은 공자님의 도의심, 이 세 가지 종교의 이념이 갖춰진 새마을 종교의 교리를 철저히 믿는 신앙심 없이는 새마을 지도자가 될 수 없다고 생각합니다."

박정희: "지금의 농촌생활은 어떠한가?"

홍영기: "전에 비해 많이 좋아졌습니다. 그러나 아직도 농촌생활은 곤란합니다. 이 동리 동민들의 경작사항을 보면 70%의 동민이 소작농을 하고 있습니다. 그러므로 일평생 지게를 면치 못하고 있습니다. 농민의 죽은 시체에는 3곳에 푸른 멍이 든 자취를 지니고 갑니다. 지게 멜끈을 매던 양어깨 쪽과 지게 사장이 닿은 허리 쪽에 남겨진 멍 자국입니다. 저 세상에 가서 농민을 가릴라면 세군데 멍든 자국이 있는 사람을 찾으면 틀림없이 농민일 것입니다."

박정희: "귀관의 소원은 무엇인가?"

홍영기: "저의 소원은 별것이 없습니다. 다만 앞에서 말씀드린바 있습니다만 이 고장은 농토가 귀합니다. 전 동리 둘레가 자갈밭으로 에워 쌓여 있습니다. 저는 저 자갈밭을 농토로 개간하여 농토 없는 이 고장 농민들에게 농토를 나눠주고 싶은 소원을 여태껏 지녀왔습니다. 그리고 이 개간을 위해 모아온 개간 준비금이 500만 원 정도밖에 되지 않아 시작하지 못하고 있습니다."

박정희: "개간비용이 얼마나 필요한가?"

홍영기: "2,500만 원 정도 들것 같습니다."

이때 박 대통령께서는 농림부장관에게 "농림부 장관, 새마을 지도자에게 개간비 2,500만 원을 빌려 줄 수 있겠어?" 하시며 웃음을 띄었다. 농림부 장관은 대통령의 물음에 "네, 빌려드리겠습니다"고 대답했다. 그러자 대통령께서는 "2,500만 원의 이자도 많겠는데" 하고 말씀을 하시다가 "농림부 장관 2,500만 원의 이자가 얼마나 돼?" 하시자 농림부 장관은 "년리 5% 정도의 최저금리의 자금으로 하겠습니다"라고 대답했다. 그러자 대통령께서는

▲ 2만 평의 자갈밭이 옥토로 변하다

"그 이자부담은 내가 하겠어" 하시며 나를 보고 크게 웃으셨다.

시간의 흐름도 잊으신 채 화기애애하게 대화가 이어지는 동안 수행원 일동은 몸둘 바를 모를 정도의 고된 시간이 흘렀다.

대통령께서는 나와 대화를 계속 다시 이어가실 모양이었다. 그 때 기다리다 못한 경북 지사님이 "각하, 시간이 벌써 오후 네 시가 되었습니다"라고 말씀드렸다. "벌써 네 시가 됐어?" 하시며 아쉬움을 남기면서 자리에서 일어나셨다.

그리고 나의 손을 굳게 잡으시며 "귀관은 정말 새마을정신의 철학을 가졌네" 하시며 밝은 눈빛으로 한참동안 나의 얼굴을 주시하셨다. 그리고 회관 벽에 걸려있는 많은 상장과 감사장을 둘러보시며 회관문을 나섰다.

문밖에 나오신 박 대통령께서는 환송 나온 동민들의 손을 일일이 잡으시고 "금년 가을에 꼭 다시 오겠다"며 굳은 약속을 남기시고 동리 서쪽 시루봉으로 기운 저녁 햇살에 얼굴을 쪼이시면서 몇 번인가 뒤돌아보시고 손을 흔들어 주셨다.

그리고 헬기는 동리 상공을 두 번이나 돌며 환송 나온 동민들에게 이별을 고하고 서북쪽 대구 하늘로 멀리 멀리 사라졌다. 정말 그날의 보람과 감격은 영원히 가슴 속 깊이 간직된 추억의 기록으로 남겨야 하겠다. 그리고 낙엽이 지고 귀뚜라미 우는 가을철이 몇십 번을 지났건만 다시 오시겠다던 그분은 영영 오시지 않으시고 그날의 헤어짐이 영원의 이별이 되고 말았다.

불사조는 울음이 없다

홍영기(문명교육재단 설립자)

'이 세상에서 제일 많은 것은 사람이다. 그리고 이 세상에서 제일 적은 것은 사람이다.' 이 어구의 뜻은 사람들은 많지만 결점이 많은 사람들이 있다는 뜻으로 풀이된다. 그렇기에 「옥에도 티가 있다」는 속언이 생겨나기도 한 것이다. 모든 사람에게는 장단점이 있는 법이며 강온성의 성품에 따라 좋은 점과 결점이 생기는 것이다.

이 세상 모든 사람들이 결점 없는 인간이면 공자님과 예수님 그리고 석가여래의 부처님이 있을 리가 없다. 그리고 일하는 사람에겐 말썽이 따르고 성공자의 뒤에서는 비방도 따르기 마련이다. 그렇기에 나의 생애에도 장단점의 비판과 강온성에 대한 원성과 좋은 점과 결점에 성토의 소리가 들리고 있음을 듣고 보고 느끼며 내 자신 스스로가 나에 대해 잘 알고 있다.

만약 내가 산골 무명의 농사꾼으로 존재 없이 살아왔다면 이같은 인품 비판마저도 없을 것이다.

그러나 고향사랑의 마음으로 얼마간의 고향사업이라도 한 존재이므로 찬양도 있고 비판도 받을 수 있게 된 것으로 생각되며 한편으로 기쁜 마음을 갖는다. 그러나 왜곡되지 않은 진정한 비판은 자신 수행에 약이 되지만 진실 아닌 헛된 풍문의 비판에는 사실 그대로의 진실을 밝혀두는 것이 옳은 일이라 생각되어 이 글을 남긴다.

.... 이서고등공민학교 학도병의 후렴

앞에서도 말했듯이 1950년 8월 23일 창녕지구에서 포성이 은은히 들려오는 이서고등공민학교 한 교실에서 32명의 학생들이 혈서를 쓰고 학도병 지원이 이뤄진 것은 그 당시 조국의 위기를 구하려는 열렬한 애국심에 불타는 학생들의 자율적이고 영웅적인 일대 거사로 길이 역사에 기록되어 6·25 전사에 남겨질 빛날 일이다.

1990년에 발간한 『재경 청도 향우지』 269페이지에 게재된 재단법인 대한무공수훈자 영동포지구회 운영위원회 부회장직에 있던 이서고등공민학교 학도병 지원자인 박수한 군의 6·25참전이란 기사내용에 그 당시 진실의 줄거리를 밝혔듯이 학생들은 어디까지나 자율적으로 학도병으로 지원한 것이지 교사였던 나의 권유와 지시에 의해 지원한 것이 아님을 밝혀 두고자 한다.

다만 나는 그들의 교사로서 그리고 스승으로서 분별없이 용맹성에만 사로잡혀 행동에 옮기려는 젊은 제자들의 이성을 바로 잡

고 선후를 구별하여 될 수 있다면 군 생활에서 희생이 적은 군병과를 선택할 수 있게 하기 위한 염려와 책임감에서 그들과 동참하여 학도병으로 입대한 것이다.

그러므로 학도병 지원의 주체는 나의 제자들인 학생들이며 교사인 나 1인의 주체가 아님을 깊이 인식해야 한다. 또한 이서고등공민학교 학도병의 무공과 영예는 학생들 스스로의 것이며 교사인 나 1인의 것이 아님을 알리고자 한다. 만약에 그들의 열렬한 애국충정의 자율적인 학도병 지원을 교사인 나의 강제적인 권유와 유인으로 왜곡되게 유포함은 32명의 우리 이서고공 학도병 지원자에 대한 모독으로 간주해야 할 것이다.

그 당시 교사였던 내가 학생들이야 학도병을 가든 말든 피안의 불 보듯 "나는 교사직에 있고 나이도 30세에 이르렀으니 군대에 갈 필요가 없다"고 생각하여 그대로 방치했더라면 분간 없는 젊은 학생들이 보병 병과가 무엇인지 공병 병과가 무엇인지도 알지 못한 채 뛰어들어 불행하게도 보병 병과에 징집되었더라면 6·25 당시의 격전 속에서 얼마나 많은 학생들의 희생이 있었겠으며 몇 명의 학생이 살아 돌아 왔을까 하는 가정을 해보아야 할 것이다. 6·25동란 당시 많은 학도병들의 전투상황과 전사자의 이야기들은 많이 들어서 알다시피 그때 내가 학도병 동참으로 대구 육군본부에 공병 병과 지원입대를 취한 것이 얼마나 다행한 일이었음을 알아주어야 할 것이다.

6·25동란의 격전 속에서 32명 학도병 중 4명의 희생자만 나왔다는 사실은 불행 중 다행으로 평가되어야 할 것이다. 이 지역

에서 들리는 말에는 "홍 선생이 제자들을 군대로 끌고 가 모두 죽게 했다"고 하는 왜곡된 풍설에 대해 위에서 기술한 바와 같이 참된 진실의 내용부터 알고 비판을 하여야 할 것이다.

물론 호국의 영혼으로 전사한 4명의 학생 부모님들은 원한의 비통속에서 혹시나 "그 당시 학도병 지원을 피하였다면"하는 운명론의 원성을 나에게 돌리고 싶은지는 모르겠지만, 충성 어린 이서고등공민학교 학도병의 용감했던 그날의 영웅적 기개와 무공은 나의 제자들인 32명의 학도병 지원자들에게 돌려줘야 할 것이며, 지도자의 선택이 얼마나 중요한지 다시한번 입증해 주는 사실이고, 후에 「학생들의 학도병 지원에 홍 선생이 동참했기 때문에 희생자가 적었다」고 하는 말이 전해지기도 했다.

그리고 "학생들을 버리고 자기만 장교가 되었다"는 원성의 말들도 있었으나 앞에서도 밝혔듯이 당시 전황에서는 사병보다 장교의 수급이 선급한 사항이므로 장교 자격이 되는 대상자는 무조건 강제로 장교 임관을 시켰음을 알아야 한다.

나의 6·25 참전기

박수한
(사단법인 대한무공수훈자회 영등포구기념운영위원회 부위원장)

때는 71년 전 1950년 6월 25일 평온과 고요한 마을 청도군 산서에 위치한 모교 이서중·고등학교에서도 평온은 간 데가 없었다. 인접해 있는 이서초등학교 교정에는 교실마다 군인모(헬멧)과 경찰관 모자가 2, 3개씩 걸려있는 것을 보면서 대단히 원망스럽게 생각하고 전쟁과 싸움을 마다하고 가족과 함께하고 있으면 누가 이 나라를 지킬 것인가 걱정하는 우리 학생들은 매우 답답하였다.

나는 일요일 아침, 선생님의 지시로 혼자 등교하여 교실에 걸 액자를 만들던 중 동창 이원기라는 친구가 청도에 다녀온다고 하면서 나한테 하는 말이 인민군으로 인하여 대구도 곧 위험하고 청도군에는 미군이 수없이 와 있다고 하였다. 이때 창녕 쪽에서는 시간이 흐를수록 포성 소리는 커져갔고 정신을 차릴 수 없을 정도였다. 나는 이러한 상황에서 무슨 공부야 하고 마침 동창 5, 6명 쯤 모여 있는 데서 "우리도 싸우러 가자!" 하고 학도병으로 지원해 전쟁터로 나가자고 하는 순간 담임인 홍영기 선생님이 마침 교실에 들어오셨다. 나는 "선생님, 우리도 군에 갑시다"하고 말씀을 드렸다. 선생님께서는 "좋다. 군에 가자!" 하고 교무실에 있는 출석부를 가지고 오셔서 나이 많은 학생을 챙겨보시고는 "우리도 1개 소대가 되겠다. 나도 같이 가자" 하시며 지지를 하셔서 학도병 지원을 결심하였다.

이때부터 선생님은 군부대와 교섭하였으며 우리는 군에 갈 각오를 부모님께 말씀드렸다. 그러나 부모님은 만류하셨다. 나는 결국 학도병으로 군대에 갈 각오를 더욱 확고히 결심하였다.

1950년 8월 23일 군인 3명과 군 트럭 1대가 우리 학교 운동장에 도착하고 학교 강당에서 이서면 지방유지 어른들과 면민과 피난민, 우리 학생들과 간단한 입대 행사를 하고 그 자리에서 우리 32명은 혈서로 지원 입대식을 간단히 행하였다. 우리는 2주일간의 군사훈련을 마치고 영천, 영일, 포항 등지의 전선으로 배속 받았다. 우리 아군은 만포진에 이르기까지 3년간의 전쟁에서 사선을 수없이 넘나들어 총성이 빗발치던 곳에서 사경을 헤매었던 것도 여러 차례⋯ 글로는 도저히 그 상황 설명이 안 될 정도로 살벌한 전운이 감돌았던 상황을 수없이 극복하였다. 정말 생명이 유지된 것이 조상님의 선처인 것 같았다. 지금도 전쟁에서 전사한 몇몇 동창생을 생각하면 가슴이 아프다.

5년간의 병영 생활을 끝내고 돌아왔지만, 가정 형편으로 진학을 하지 못하고 생활고로 인하여 직장을 구하기 위해 60년도에 상경하여 오늘에 이르기까지 서울에서 터전을 마련하였다. 일 년에 두세 번 고향을 내려갈 때마다 전사한 친구가 생각나고 그날(1950. 6. 25)의 악몽을 잊을 수 없다. 지금은 경제가 발달하고 이서면 어느 곳도 전기와 도로가 포장되고 모교도 큰 발전하는 것을 볼 때마다 더더욱 전사한 친구들이 생각난다.

국가와 민족을 위해 젊음을 바친 고귀한 정신을 살리기 위해 위령탑 하나쯤 세웠으면 하는 것이 고향만 가면 생각났다.

수년이 지나면서 학교 총동문회에 참석할 기회가 있어 내 생각과 뜻을 전하였더니 동문 여러분이 모두 찬성하였다. 그래서 6·25 참전비를 세우기로 추진하였으나 순탄하지 못해 3년간의 세월이 흘러 칠순을 맞게 되었다. 그리하여 1회 동창생들의 힘과 뜻을 모아 마침내 모교 동산에 6·25 참전비를 세웠으니 이 뜻이 길이길이 고귀한 화랑정신이 되어 후배들에게 보전되기를 바란다.

국민투표 부정을 폭로하고

나는 1973년 유신의 바람을 타고 제9대 국회의원 후보로 출마한 적이 있다. 나의 유신에 대한 해득의 학식수준은 중학시절 일본사에 나오는 명치(메이지)유신이란 내용의 해석을 할 수 있는 정도에 지나지 않는다. 즉 일본의 명치천황 시절 국체를 개혁하고 새로운 인재를 등용시켜 체제발전을 기하기 위한 정치혁신을 명치유신이라 하였다. 이 유신의 두 글자는 제3공화국 말엽에 이르러 돌연 국회를 해산시킴과 동시 유신 체제란 선포와 함께 비로소 우리나라에서는 처음으로 생겨났다.

나의 유신 해석은 이제 낡은 직업 국회의원들을 몰아내고 참신하고 새로운 인재들을 국회에 등용시키려는 획기적 전기를 마련하고자 하는 시점으로 생각했다.

그러므로 제9대 유신 국회의 국회의원 후보로 지망해보려고 입후보한 것이다. 그러나 함께 입후보한 몇 분들을 살펴보니 해산 국회의 공화당 소속이었던 국회의원이 또다시 공화당 공천자로 입후보하였고 기타에 있어서도 과거 국회의원을 지낸 사람들이 입후보하여 그 사람이 그 사람이었다. 그러나 설마 유신체제의 국회의원 선거이니 하는 한 가닥의 희망을 걸고 선거에 임하였다. 그러나 당 소속 없는 무소속 출마자인 나에게 선거 돌입과 동시 사전 선거로 입건시켜 제동을 걸며 극심한 선거 제한을 가져왔다.

특히 선거 막판의 관권(官權), 금권(金權), 주권(主權)의 삼권통합 부정선거 행위는 나에게 영원히 가슴에 원한을 남겼다. 낙선의 고배를 마시고 세상 인심의 허무함을 느꼈다. 그러나 내 고향 운문의 이웃들이 60% 가깝게 지지해준 고마움에 만족하였다. 그때부터 부정선거에 대한 강한 증오감을 가졌다. 가슴에 심어진 부정선거에 대한 원한이 가시지도 않고 있는 1975년 2월 유신헌법의 신임을 묻는 국민투표가 실시되었다. 그때 여론은 과잉 충성에서 이루어지는 부정 투표를 하지 않아도 찬성 쪽의 승리가 예상되고 있었다.

그런 상황에도 불구하고 습관처럼 되어온 부정부패 행위가 또다시 행해졌는데 내용인즉 ○○사 승려들의 릴레이식 부정투표 행위였다. "불의와 부정에는 사자가 되고 신의와 정의에는 양이 되라"는 가훈의 가르침은 평생 나의 소신이며 2년 전에 사무쳤던 부정투표에 대한 증오와 원한은 나의 이성을 잃게 할 정도로 분개하였다. 그리고 맑고 아름다운 내 고장에서만은 부정투표의 자취를 감추기 위한 계기를 만들기 위해 부정투표를 폭로하기로 결심하였다.

그리고 동아일보 대구지사 이일재 기자에게 연락하여 부정투표의 사실을 만천하에 알려 줄 것을 부탁했다. 적설된 야밤중에 기자는 현장 사실확인을 위해 ○○사를 찾아 양심 지닌 몇몇 스님들의 부정투표 사실을 확인하여 기사화되었다. 정계와 행정관서에서는 발칵 뒤집혔다.

'맨발로 바위를 차는 격'의 부정투표 폭로는 나의 신변에 위협을 주었다. 우연의 일치인지는 모르나 3개월의 선거법 처벌기간이 지난 1975년 5월에 이르러 나에 대해 6가지의 죄목을 씌워 영어의 몸이 되어 고생을 당했다.

그 당시 경찰서장 조 ○○씨는 ○○사 광역 새마을사업 관계로 부임 당초부터 인간관계에 틈이 생겨 있던 차 나의 운문사 부정투표 폭로사건에 따른 공작수사를 하면서 ㅇ, ㅂ, ㅂ형사 등 3명을 시켜 3개월간에 걸친 추적 수사를 시켜 6개 죄목으로 입건을 하게 하고 1차 영장청구가 기각되자 직접 출장하여 나의 반정부적 야당성을 강조하는 직소를 올려 2차의 영장 재청구로 구속하였다.

10일간의 구속 만기일이 끝나고 검찰청으로 송치하는 날, 담당 경찰관 ㅇ씨가 나와 평소 가졌던 정을 참작하여 수갑을 채우지 못한 채 동행하자 2층 서장실에서 내려다 본 조 서장은 동행 경찰관을 호통치며 "수갑을 채우라고" 지시했다. 나는 수갑을 채워 달라고 말하고 수갑찬 양 손목을 번쩍 들어 조○○서장에게 보인 후 짚차에 호송되어 검찰청으로 송치되었다.

20일간의 심문 끝에 6개 죄목 모두가 혐의 없는 무죄로 밝혀졌다. 그러나 6개 항의 무혐의 결과는 ○○경찰서장의 무고성립이 되는 것을 염려하여 문명재단에서 보관 중인 시멘트 3포를 겨울 동안 두면 응고될 염려가 있어 이를 민간인에게 빌려주고 필요시 반납토록 조치한 시멘트 3포 유용죄목을 기소유예 처리로 결말 맺고 석방되었다.

비록 30일간의 영어생활은 나의 영원한 상처로 남아 있지만 '부정과 불의에는 사자가 되고 신의와 정의에는 양이 되라'는 가훈의 가르침을 충실히 이행한 기쁨과 정의를 위해 소신을 다한 결과에 흐뭇함을 느꼈다.

그리고 물 맑고 공기 맑고 인심 좋은 내 고장에서 다시는 부정투표란 오명이 사라지기를 기원할 따름이다. 이 일이 있은 후부터 나의 고향생활에는 항시 검은 그림자에 감싸여 있어 1976년 10월에 삼천리버스주식회사 사장직에 취임하고 정든 고향을 떠났다. 그 후 몇 년의 세월이 지난 후 당시 ○○경찰서장의 안부를 물었더니 내외분 모두가 일찍 돌아가셨다고 했다. 인생무상의 허무를 느꼈다.

·············· 우정의 동정이 재액으로 변해

내가 취임한 삼천리버스주식회사는 경북도 내에서 이름난 대회사로 차량대수가 150대에 달하는 광범위한 큰 회사이며 내 고향 청도 전 지역의 대중교통을 전담하고 있어 더한 보람을 느껴 사장직에 취임했다. 그리고 때때로 찾아오는 고향사람들에 대해 반가이 맞이했다. 그러던 중 1977년 3월 초순경 제9대 국회의원 입후보 당시 공화당 운문면책의 자리에 있으면서도 무소속인 나와 고향 사람의 우정을 앞세워 열렬히 지지해준 ㅂ 씨가 찾아왔다. 너무나도 반가워 고향소식을 묻고 찾아온 용건을 물었다.

내용인 즉 너무나 억울한 변을 당했다는 푸념이다. 내가 운문사 신도회장직을 멀리하고 대구로 떠난 후 운문사 사찰림의 울창한 소나무들을 벌채하려는 이권 관련 경쟁이 심하여 옥신각신하는 복잡한 양상을 띄었다. 이틈을 타서 ㅂ씨는 현직 국회의원의 연줄로 사찰림 벌채 매매계약의 이권을 얻게 되었다. 그러면서 운문사 주지 안모 스님과 ㅂ씨 간에 성립된 계약서를 내놓았다. 분명히 운문사 주지와 ㅂ 씨 간의 성립된 계약서이며 그 계약서의 입회인으로는 그곳에 오래 목재상을 해오던 ㅅ씨의 날인이 되어 있고 계약금까지 지불된 명확히 성립된 임목 매매계약서였다.

그런데 ㅂ씨가 작업을 착수하려고 자금을 구하러 다니는 과정에서 입회인 ㅅ씨가 ㅂ씨의 힘이 되고 있는 국회의원 비서인 ㅂ씨에게 청탁을 해 계약 당사자인 ㅂ씨가 자금이 없어 벌채작업 실행을 할 수 없으니 입회인인 ㅅ씨 자신 명의로 이미 계약된 사찰림을 다시 계약토록 종용하여 ㅂ씨에게는 일언반구의 협의도 없이 이를 성립시켜 현재 ㅅ씨가 벌채 작업을 진행 중에 있다는 억울한 사연이었다.

내가 가진 상식적 법률 판단에서도 이는 분명히 한 물건을 두 번 판 사기행위로 ㅂ씨의 억울함에 동정이 쏠렸다. 특히 고향 사람 ㅂ씨가 단순하게 믿고 입회인으로 선정한 떠돌이 객지인 ㅅ씨에게 배반당한 억울함에는 동정이 더 갔다.

나는 ㅂ씨의 억울함에 동정을 표하고 좋은 방도가 있으면 찾아보자고 하며 위로의 인사를 하고 돌려보냈다. 그러자 ㅂ씨는 사흘이 멀다하며 찾아와 억울함을 재 호소하며 구원을 요청했다. 심지어 ㅂ씨의 동생까지 함께 찾아와 형인 ㅂ씨의 억울함의 구원을 청했다.

귀찮을 정도로 찾아오는 ㅂ씨의 사정이 안타까워 고향 사람에 대한 마지막 대접으로 ㅂ씨와 함께 목요상 변호사를 찾아가 사건의 개요를 말했더니 성립될 수 있는 사건이라며 쾌히 수임하고 ㅅ씨 상대로 하는 민사 사건의 벌채 허가 중지 가처분 신청을 내고 그 후 며칠이 지난 후 민사 사건의 촉구를 위해 운문사 주지를 상대로 하는 형사사건의 '한 물건 두 번 판' 사기죄 고발을 신청하게 했다. 변호사 비용의 지불은 ㅂ씨의 형편을 알고 있기에 나의 돈으로 지불해 주었다. 이것이 정다운 고향 사람에 대한 인정으로 느껴져 지불한 변호사 비용이 아깝지가 않았다.

그리고는 종종 ㅂ씨가 찾아와 모든 사건들이 진행되고 있다는

전갈을 하고 갔다. 그리고 나 자신도 사건의 개요로 보아 잘 진행
될 것으로 믿고 있었다.

그런 뒤 2개월이 지난 1977년 5월 어느 날, 검찰청에서 ㅂ씨 고
소사건의 참고인으로 출두해 달라는 통지를 받고 회사 일을 대충
마친 오후 경 검찰청 수사과로 나갔다. 그곳에 ㅂ씨가 앉아 있었
다. 수사관실에 들어서면서 근심에 쌓여 있는 ㅂ씨에게 격려의 눈
짓으로 인사를 건네고 수사관에게 사건 참고의 심문을 받았다.

그리고 몇 마디의 심문을 주고받던 수사관이 자기 책상 서랍
속에서 한 장의 종이를 나에게 보였다. 그 내용은 ㅂ씨 자술서로
서 그 내용인즉 ㅂ씨는 운문사찰 임목 매매계약에 대해 입회인
ㅅ씨에게 자의적으로 양도 계약케 한 것이고 운문사 주지 상대로
'한 물건 두 번 판' 사기고발서는 자기가 제출한 사실이 전혀 없으
며 이 모든 고소행위는 내가 ㅂ씨 자신도 모르게 제출한 것이라고
기록된 ㅂ씨 무인 날인의 자백진술서였다.
수사관은 나에게 ㅂ씨의 자백진술서 내용을 읽어보라고 지시
하고는 자백서를 다 읽을 무렵 옆자리에 대기한 수사원에게 별도
대기실로 나를 보호하라고 명하고 한마디의 말도 못하게 격리시
켜 버렸다. 물론 그 당시에도 운문사 부정투표 폭로사건의 영향이
작용하고 있었다. 청천벽력 같은 뜻밖의 일을 당하게 되었다.

연락도 할 수 없고 하소연도 할 곳도 없었다. 그래서 2개월간의

영어의 몸이 되어 고생을 겪었다. 미결 감방에서 ㅂ씨를 만나 사실 그대로를 주장하면 ㅂ씨의 무고죄와 나의 무고 교사죄가 성립되지 않고 풀려날 수 있다고 말하였으나 ㅂ씨는 막무가내였다.

그리하여 고향 사람의 억울함을 동정한 애향의 결과는 무고 교사죄에 적용되어 집행유예의 억울한 형을 받는 결과를 가져왔다. 나는 너무나도 억울함에 못이겨 항소를 제기하고 ㅂ씨를 대구 시내 식당에서 만나 당시의 전후사정을 물어보았다. ㅂ씨는 민망한 어조로 그 당시 처해졌던 사연들을 숨김없이 말했다. 그 당시 사건 담당 ㅈ검사가 ㅂ씨에게 ㅂ씨의 고소사건을 조사해보니 전부 거짓으로 ㅂ씨를 도리어 무고죄로 구속시켜야 하겠는데 당신을 구속시키고 안 시키고는 염라대왕인 ㅈ검사 자신이 하는 것이니 ㅂ씨 자신도 모르게 내가 고소장을 제출했다고 자백진술서를 써내기만 하면 ㅂ씨만은 구속시키지 않겠다고 하기에 본의 아닌 자백진술서를 썼다고 토로하였다.

나는 ㅂ씨가 실토한 이야기를 녹음기에 수록하여 그 후 항소심 증인으로 ㅂ씨를 선정하고 당시 녹음한 ㅂ씨 자신의 목소리를 재생청취시켰으나 증언대에 선 ㅂ씨는 그 당시 식당에서 한 말은 나에 대한 민망한 심증에서 체면상 말한 것으로 사실 녹음된 내용은 거짓말이라고 증언하여 다시 한번 고향사람에 대한 실망을 느꼈다.

나는 이후부터 고향사람들의 억울함을 듣기는 하나 동정과 협조는 영원한 금기로 삼았다.

새마을운동의 성공사례(방음동)

안윤식(전 경상북도 정무부지사)

대대로 있어온 마을 안 좁은 꼬부랑 골목길을 자동차가 통행할 수 있을 만큼 넓은 골목길로 만든다는 것은 정말 어려운 일이었다. 리어카 폭이 2미터이므로 마을 안길에 리어카 2대가 지나가기 위해서는 골목의 폭이 4.5미터가 되어야 했다. 그러나 마을 골목길을 4미터로 곧게 넓히자면 헐어야 하는 집채 수가 10여 채에 달하고, 5미터로 곧게 넓힌다면 20여 채의 집을 헐어야 하는 것이 동리의 실정이었다.

그런데 대부분의 동네에서는 3~4미터 확장이 많았음에도 불구하고 유독 경북 청도군 운문면 방음동만 5미터의 안길을 확장하는 데 성공한 것은 '쇠똥소령'이란 별명을 가진 육군 소령 출신 홍영기(새마을 훈장 근면상 수상) 새마을 지도자의 억척스런 고집 덕분이었다. 내가 경북도청에서 새마을 업무를 담당할 때의 홍 지도자는 자갈밭을 옥토로 만든 억척스런 개척자란 명성에, 강한 뚝심과 추진력으로 독일병정이라는 소문이 자자한 인물이었다.

▲ 지붕개량이 완성된 마을을 배경으로 홍영기 전이사장

▲ 마을안길 확장 및 하천정비

▲ 마을안길 넓히기

▲ 완공된 마을안길의 모습

▲ 확장된 마을 골목길을 박정희 대통령과 함께 걷는 장면

쇠똥소령 홍 지도자는 객지에서 태권도를 배웠다는 젊은 청년 4명을 새마을 특공대로 위촉하고 명령했다. "나의 명이 떨어지면 닥치는 대로 부수시오." 그러고는 골목길 확장 못줄을 당겨놓고 "됐다!"하고 신호를 보냈다. 그러자 새마을 특공대가 가지고 있던 곡괭이와 쇠망치를 들고 나와 닥치는 대로 때려 부수었다. 요란한 소리에 마구간에서 소가 튀어나오고, 우리에서 돼지가 튀어 나오는 소동이 일었다. 하지만 작업은 아랑곳없이 진행되었고 곧 끝이 났다.

이후 쇠똥소령이 5미터 확장 못줄을 4미터 반이라 선언하고, 또 다시 제2선을 쳤다. 그랬더니 이번에는 기이한 현상이 일어났다. 줄을 치고 "됐다!"하고 신호를 보내자 위촉 특공대가 아닌 농민들이 달려 나오더니 악을 쓰면서 부수기 시작한 것이다. 이들은 자기 집이 철거당한 데 화가 난 동민들이었다. 이렇게 해서 혁명적인 골목길 확장사업은 하루 만에 끝이 났다. 후일 박 대통령이 이 마을을 방문했을 때의 일이다. 박 대통령이 말했다.

"귀관의 골목길은 너무 넓힌 것 같은데!"

그러자 쇠똥소령이 대답했다.

"그렇지 않습니다. 앞으로 마이카 시대가 되고 집 마당에 직접 농산물을 수송하자면 이정도는 되어야 합니다." 추진력에 못지않은 선견지명이었다.

　　　　　　　　　　　　　－「새마을운동의 역사와 세계화」 중에서

© 류귀화

3장

새마을지도자가 된
쇠똥소령

．
．
．
．
．

살고파마을의 잘 살기 바이러스는 인근 마을과 마을을 넘고,
경상북도를 건너서 전국으로 퍼져 나갔다.
그야말로 살고파마을은 1970년부터 본격적으로 시작된
새마을운동에 불씨를 댕긴 부싯돌이 된 것이다.
그리고 마침내 1972년 3월 24일,
박정희 대통령이 살고파마을, 방음동을 방문하고
새마을운동을 선도해 나간 현장을 돌아보면서
지도자 홍영기 선생을 비롯한 주민들을 격려한다.

．
．
．
．
．

큰 바위 스승님

장태옥(영남대학교 행정학과 교수)

우리는 종종 스스로에게 이렇게 묻고 대답할 때가 있다. 너는 어디서 왔고 어디로 갔는가, 너의 백 리는 어디매 어떻게 살아왔는가? "글쎄요."라고 하면서 "열심히 살았고" 그냥 그런대로 "내가 왔던 그 고향으로 되돌아가는 삶이었어요"라고 대답할 뿐이다.

평범한 이런 담론 속에서 우리들의 삶의 길을 엿볼 수 있지 않을까? 우리보다 앞서간 분들로부터 얻은 것들과 그분들이 남기고 간 생각들을 통해서 우리들의 삶에 같은 영향을 끼쳤을 것이다. 우리 삶의 시작도 그분들로부터 이루어졌고 삶의 빛도 그분들로부터 영향을 받았을 것이다.

지금으로부터 50년 전에 새롭게 시작한 새마을운동이 여기저기서 새롭게 빛을 발하고 있다. 그 운동은 국내외에서 새롭게 조명되고 있다. 동남아시아와 아프리카를 거쳐 중남미에 이르기까지 새마을운동의 싹이 보이고 있다. 국내에선 한 단계 도약한 새로운 생활의 뿌리로 조명되고 있다는 것이다. 생산현장이나 시장판의 거래소나 농촌의 일손 부족의 현장에서는 이타주의와 관용

및 사회적 결속과 시민 정신의 발로와 새로운 공공의 삶이 미덕으로 자리하는 것을 보더라도 50년 전의 새마을운동과 뿌리를 같이하고 있다. '새마을'이란 단어에 각인된 의미를 단순하게 농촌의 지붕개량이나 도로 확장사업으로만 생각하지 않는다는 것이다. 새로운 언어, 새로운 생각과 철학, 그리고 새로운 질문과 해답을 통해 자신의 삶을 새롭게 하고 자신의 능력을 키우면서 새로운 영감과 용기를 갖고 하루하루를 살고 남을 도울 수 있다는 것 자체가 새마을정신이고 운동이라는 사실이다.

흔히들 새마을 사업하면 살기 좋은 마을 가꾸기 정도로만 이해하고 있던 시절에 운은 선생께서는 평생을 자기가 추구하고 동경하는 것들을 바로 자기 안에서 찾고 그곳에서 이룩하면서 살아오신 위대한 스승이셨다. 인생에 원천을 "샘솟을 고향 내 고장은 저마다 간직하는 애향심으로 점착된다"고 하시면서 애향심에 바탕을 둔 새마을정신을 몸소 실천하신 어른이셨다. 선생님의 성망적공(成望積功)의 뿌리가 애향심과 새마을정신에 투철했음을 알 수 있다. 그분이 걸어온 삶 자체가 애향심에서 비롯했고 그가 받아온 교육에서 비롯했음을 그분의 자서전에서 밝히고 있다. 선생님은 일찍이 교육과 학업에 대한 열정이 남달랐다. 대륜 중·고등학교와 동경의 흥아전문학교에서 수학하시며 문학과 철학을 연구하셨고, 이를 바탕으로 자신의 인생관과 세계관을 세우셨음을 짐작할 수 있다. 국가가 누란의 위기에 처했을 때는 홀연히 군인으로서 멸사봉공의 정신으로 임했으며 제대 후에는 농촌근대화와 계몽사업에 온몸을 바치신 고향의 '큰 바위 얼굴'이 되셨었다.

군인으로 활동하던 시절에도 초등학교 교사 시절 가르친 제자들을 돌보는 일을 게을리하지 않았고 그들과 끊임없는 관계를 유지하면서 '페스탈로치'의 면모를 잃지 않으셨다. 그분과 관계를 맺었던 모든 제자에게 다가가 그들의 삶에 큰 기쁨을 주곤 하셨다. 전역 후에도 제자와 벗들 그리고 친지들과 협동하여 낙후한 고향마을을 재건하는 데 앞장섰었다. 고향의 농군이 아니라 고향의 가난과 무지, 그리고 질병에 시달리는 불쌍한 이웃들을 희생과 봉사로 보은의 길을 터 주었다. 부락의 담벽과 지붕을 개량하는데도 부락의 공동 기와 공장을 차려 스스로 자립하는 방법을 지도하시곤 했다. 새마을정신인 자주와 근면 협동의 정신을 70년대 시작한 새마을운동을 앞서 실천한 선각자이셨다. 새마을운동 정신은 더불어 살아가는 공동체를 바탕으로 하고 있다. 자주와 자립 그리고 자조의 정신을 발휘하며 실천하는 작은 마을 사업이었지만 농민이 아닌 국민 각자의 생활 향상과 국가발전을 동시에 달성하고자 하는 의식개혁과 자주 실천의 지역사회개발 운동이었다. 운은 선생은 60년대 초에 국가적 국민운동에 앞서 영농의 근대화와 농촌 생활의 근대화를 시작한 위인이셨다.

운은 선생을 처음 뵙던 때가 운은 선생이 지역사회 개발 부문 5·16민족상을 수상하신 직후가 아닌가 생각한다. 나는 그때 영남대학의 젊은 교수로 운은 선생의 방음동 도로 정비와 지붕 개량사업을 추진할 때 영남대 행정학과 20여 명의 학생을 현장 견학 겸 실습 현장으로 데리고 갔을 때였다. 그때 주민들과 함께하는 공동 작업에 우리 학생들이 참여하면서 강조하신 새마을 사업의 당위

성과 협동 정신의 중요성은 학생들에게 깊은 인상을 심어 주기에 충분했다. 이런 운은 선생의 새마을 사업에 대한 열정과 패기는 아직도 눈에 선하다.

나는 60년대 초 서울대 행정대학원 석사학위 논문으로 '한국 농촌의 근대화와 지도사업의 과제'를 주제로 하였었다. 그 후에도 이미 지역사회 개발사업의 의의와 필요를 강조한 연구논문을 집필하여 문교부로부터 연구비를 수령한 바도 있었다. 그러나 지역사회 개발에 관한 연구가 일천하던 시절에 이를 실천에 옮긴 실천가를 찾아보기 힘들었었다. 가까이서 이를 발견한 후 나는 지역사회 개발에 헌신하고 계신 선생님의 이야기를 듣고 꼭 찾아뵙고 싶었다.

당시 운은 선생은 새마을운동의 확산에 매진하여 낮과 밤의 구분이 없을 정도로 열정적이셨던 시기이다.

낙후한 오지를 벽해로 만든 일 뿐만 아니라 무지에서 벗어나지 못한 이웃들에게도 문명(文明)의 기회를 만들어 주는 교육을 정신적 지주로 생각하고 '문명 중·고등학교'까지 설립하였다. 한마디로 운은 선생은 평생을 자신의 삶과 세상에 대한 책임을 잊지 않고 자신을 다지면서 사셨던 위대한 큰 바위 스승이셨다.

우리는 힘들고 어려운 세상사를 만나면 남에게 힘든 일을 떠넘기거나 문제를 피해 도망치려는 유혹에 빠지기 쉽다. 그러나 운은 선생은 자진해서 문제의 불길 속으로 뛰어들었고 불길을 잡아 어려운 일들을 스스럼없이 해결해 가는 20세기의 작은 거인이었고 지도자였다. 자기의 능력으로 지도할 수 있는 곳에서나 그렇지 못한 곳에도 이웃과 벗들을 동원해서 책임지고 함께 고난을 해결해 간 강력한 지도자셨다. 한마디로 자신을 필요로 하는 곳에는 주저하지 않고 그곳으로 달려가신 분이었다. 이미 새마을 사업에 대한 확고한 이정표를 세우셨다.

방음동에서 시작하여 방음동에서 끝난 그분의 삶의 족적은 위인의 생각과 행동에 버금가는 것이었다. 가난에 찌들고 삭막한 고장을 살기좋은 곳으로 변화시켜 오늘의 방음동을 있게 한 그분의 지도력은 새로운 문명을 세우는 원동력이 되었음을 부정할 수 없다. 아름다운 마을 조성이나 고품격의 도농 상생의 복합생활을 한 단계 업그레이드 시키고 미래 삶의 원동력은 교육을 통해 가능하다고 항상 말씀하셨다. 이러한 그의 정신은 후대에 삶의 질을 제고시키는 지역 자산이고 새로운 향토사업의 원동력으로 활용되고 있다.

아울러 방음동의 새마을 환경조경만을 보지 말고 그분이 끊임없이 뿌려온 씨앗인 교육과 다른 실적들을 포괄해서 보고 그분을 판단해야 할 것이다. 그분이 투철했던 새마을운동 사업은 한 작은 마을만을 개선하는 성과물로 봐서는 안 될 것이다. 그분의 업적은 남들에게 보이기 위한 하나의 외형의 장식으로 봐서도 안 된다. 중요한 것은 선생 내면의 샘과 만나고 그분의 열정의 샘물을 마시면서 우리들의 삶도 같이 결실을 맺을 수 있어야 한다. 그럴 때 운은선생의 혼과 열정에 의해 맺은 열매에 감사하고 기뻐할 것이다.

예수의 성스러움이 베들레헴의 작은 고을에서 시작했듯이 운은선생의 새마을운동은 방음동에서 비롯했다. 그러나 그분의 새마을은 측정할 수 있는 양의 시간 즉 'chronos'에서 시작했지만 오늘의 '문명'은 질의 시간 'kairos'를 만들어 주고 있다. 어제의 방음동 새마을이 측정할 수 있고 쌓아 올린 공동체의 사업이었다면 오늘의 '문명'은 새롭게 시작하는 적절하게 작동하는 시계추와 같은 것이다.

지속적이고 역동적인 새로운 삶의 질을 만들어 가는 성숙한 새마을운동이다. 창조시대의 새마을은 쾌적하고 매력적이면서 문화적으로 활력있는 새마을이어야 한다. '문명'은 새마을의 주춧돌로 굳건히 다져져야 하고 거기에서 자라온 후학들은 미래의 새마을을 주도할 수 있도록 해야 할 것이다.

따라서 방음동을 거쳐 '문명'을 거쳐 간 분들은 운은 선생의 새마을 실천 철학을 항상 마음속으로 각인시켜 스스로의 행복뿐만이 아니라 후손들에게도 새마을정신을 싹틔울 씨앗을 뿌릴 수 있어야 할 것이다. 로마의 철학자 키케로는 "이웃에게 선행을 하는 것보다 더 신들에게 가까이 다가가는 방법은 없다"고 했다. 한 번 더 되새겨 보면 새마을을 통해 이웃과 더불어 살아가는 법을 배우고 '문명'의 정신 속에서 새로운 삶의 질을 진작시킬 수 있을 것이다.

2015. 6. 20

아버님과 새마을

홍택정(문명 중·고등학교 이사장)

나의 선고 雲隱 홍영기는 새마을의 선구자다. 여기에는 어느 누구도 감히 이의가 없다. 있을 수도 없다.

귀하는 愛隣愛鄕의 정신으로 疲弊된 農村을 '살고파마을'로 指導育成하여 營農의 近代化. 生活의 合理化를 이룩하였고 敎育機關을 設立 運營 地域社會發展과 農家收益增大에 寄與한 功이 至大하므로 이에 民族賞을 드립니다.

1968년 5월 16일
재단법인 5·16民族賞 總裁 朴正熙

▲ 5·16 민족상 상패: 영농의 근대화, 생활의 합리화, 농가수익증대를 이룩한 업적을 치하하였다.

▲ 5·16 민족상 수상자 단체사진. 박정희 대통령과 영부인 육영수 여사와 함께 (선친은 왼쪽에서 다섯번째).

초대 5·16민족상을 수상하신 선친의 상패 내용이다. 역사는 진실이다. 조선왕조실록은 토씨 하나 고칠 수 없는 역사의 진실이 담겨있다. 새마을의 발상지는 박 대통령의 마음속이다. 생전에 선고께서 내게 하신 말씀을 기억한다.

박 대통령을 제외한 새마을의 산 증인으로는 서울대 농대를 졸업하시고 전남대 농대와 농협대 교수였던, 초대 새마을 연수원장 김준 선생이다. 그의 수상집인 『恩惠로 마음 밭을 갈며』(흥사단 출판부, 1986) 173쪽에서 "새마을운동은 1970년 4월 22일 한이 맺힌 가난을 몰아내고 근면, 자조, 협동해서 우리도 한 번 잘살아 보자고 외치면서

▶ 선친께 방음동의 새마을 계획과 실천을 보고 받고 있는 박정희 대통령의 모습

탄생하였다."라고 했으며, 1980년 4월 22일이 새마을운동 10주년
이라고 했다『월간 새마을』(대한공론사, 1980. 6).

　고양 농협대학 교수 시절, 이곳에서 고위공무원들과 새마을 지
도자들의 교육이 최초로 실시된 것으로 알고 있다. 이때 선고께서
도 김준 선생과 함께 강사로 출강하셨다.

　1970년 경 갑자기 경북에서 교육하게 되셔서, 그때도 새마을
현장과 활동을 영상화하여 시청각교육을 하셨는데, 그 필름을 가
져오라고 하셨다.

　마침 제대 후 집에 있던 나는 서울 경유 고양까지 가서 그 필름
통을 가져온 사실을 뚜렷이 기억한다. 그리고 10·26 이후 새마을
운동은 왜곡되고, 정치적으로 이용되어 심각한 존폐의 기로에 서
기도 했으나, 그 정신이 계승되어 오늘에 이르고 있다. 박근혜 정
부 출범과 더불어 경쟁적으로 새마을 아카데미가 개설되었고, 엄
청난 예산을 쏟아부은 결과 새마을의 정신이 안타깝게 왜곡되기
시작했다.

　대표적인 케이스가 청도 신도리다. 일설에 650억의 예산이 청
도군에 배정되었다고 한다. 박근혜 대통령의 탄핵으로 정권이 바
뀌었고, 박정희 탄생 100주년 기념 우표 발행조차 좌절되었다. 정
말 되먹지도 못한 자들조차 박정희를 폄하한다. 마치 유행병처
럼…

　더이상 박정희와 5·16 군사혁명과 새마을운동을 과대포장 미화하거나 혹은 왜곡해서는 안 된다. 있는 그대로 진실만을 역사에 남겨야 하는 것이 후손들의 책임이다.

　흑치상지(黑齒常之)는 당나라에 귀화한 백제 장군으로 당나라에서 전공을 세워 국공(國公)의 벼슬에 올랐지만 그를 시기한 세력들의 반란 혐의 무고로 투옥되었다 자결하였다. 그러나 그의 장남 흑치준(黑齒俊)의 노력으로 신원되었고, 측천무후(則天武后)는 좌옥금위대장군(左玉鈐衛大將軍)에 추증하고 훈(勳)과 봉(封)을 회복시켜주었다. 이처럼 자식은 부모의 억울함이나, 의도적으로 묻힌 공적을 밝혀내 만천하에 알리도록 해야 한다. 이게 자식의 도리가 아니겠는가?

　아는 것도 제대로 없는 필부가 순수한 정신혁명, 봉사와 베풂, 솔선수범과 협동의 희생 위에 이루어진 새마을운동이 관주도로 이루어졌다는 것은 역사적 왜곡임을 밝혀 둔다.

　새마을운동의 기본 목적은 잘 살기다. 한이 맺힌 가난을 몰아내고 근면, 자조, 협동해서 우리도 한 번 잘 살아 보자고 외치면서 탄생하였다. 사람이 태어나면 목욕을 하고 옷을 입듯이 환경 개선사업을 해 나왔고 또 사람이 젖을 빨고, 밥을 먹고 자라듯이 소득증대 사업을 추진해 나왔다『김준 수상집, 은혜로 마음 밭을 갈며 173쪽』.

1. 귀하는 애린애향(愛隣愛鄕)의 정신으로 피폐(疲弊)된 농촌(農村)

을 '살고파마을'로 지도육성(指導育成)하여 영농(營農)의 근대화 (近代化), 생활(生活)의 합리화(合理化)를 이룩하였고 교육기관(教育機關)을 설립 운영 지역사회 발전(設立 運營 地域社會 發展)과 농가수익증대(農家收益增大)에 기여(寄與)한 공(功)이 지대(至大)하므로 이에 민족상(民族賞)을 드립니다.

1968년 수상한 상패의 공적 내용은 2년 후인 1970년 4월 22일 탄생한 새마을정신과 일치한다. 1960년 4·19혁명 후 예편하신 뒤 귀향하신 이후부터 꾸준히 농촌계몽 운동을 하셨다. 특히 마을 이름을 '살고파마을'로 정하고, 가난에서 벗어나려는 노력을 온 동민들과 함께 실천해 왔다. 이러한 노력이 결실을 맺어 여러 언론을 통해 보도되었고, 마침내 5·16민족상 사회 부문상을 수상하게 되었다.

당시 재단법인 5·16 민족상 총재였던 박정희는 수상자들의 공적심사를 직접 하시며, 꿈에도 그리던 농촌의 소득증대에 의한 가난 탈피와 환경개선에 대한 모델케이스를 발견하게 되었다. '쇠똥소령 홍영기'에 대한 박 대통령의 관심은 지대하여 마침내 1972년 방음동을 방문하기에 이르렀다. 마을 구석구석을 둘러보았고, 골목길이 너무 넓다고 하자 "앞으로 자가용이 드나들게 될 것"이라는 미래 예측으로 대통령은 한껏 기분이 고조되었다. 수행원들은 대통령의 장시간 방문으로 다음 일정을 염려하였지만, 아랑곳하지 않고 마을 회관으로 들어가서 브리핑을 받기 시작하였다. 어려운 산간벽지 농촌을 이만큼 발전시켜 온 동민들에게 선물하고 싶었던 대통령은 선친에게 소원을 물으셨다.

이에 늘 소원하던 하천부지 10만 평을 개간하여 농토가 넓어지면 모두 잘 살 수 있으니 개간자금 2,500만 원을 지원해 주시기를 청하였다. 이에 동행하였던 농수산부 장관에게 이자는 대통령이 부담하겠으니 지원하라고 하시고, 꼭 다시 방문하시겠다는 약속을 남기고 떠나셨다.

2. 그날 밤 경북도에서는 밤중에 횃불을 밝혀 들고 하천지 측량을 하였다(당시 도청근무 남재주님 증언). 그런데 어떻게 된 일인지 하천부지 개간자금이 한우 입식 자금으로 바뀌었다. 이유인 즉 하천부지가 운문댐 건설로 수몰되기 때문이라는 것이었다.

이건 새빨간 거짓말이다. 당시 유엔 식량농업기구(FAO)에 근무하였던 미스터 호크(Mr. Hoke)는 8군에 근무하였던 나와는 아주 친한 친구였다. 고향을 방문한 호크가 『유엔 낙동강 프로젝트』란 책자를 내게 주면서 운문댐의 높이와 수몰선 등이 자세히 기록된 내용을 설명하였는데, 경북도는 하천부지가 수몰선 밖이란 사실을 알고 있었다.

그러면 경북도는 왜 이런 결정을 하였을까? 지금이나 당시나 공무원들은 눈치 보기에 비상한 재능이 있다. 작은 산간벽지 농촌

▲ 낙동강 개발 조사단 엔지니어
　미스터 호크의 방음동 방문

▶ 방음동 방문 후 선친께 보낸
　미스터 호크의 감사 편지

10 September 1971
Daegu, Korea

Dear Mr. & Mrs. Hong,

I wish to thank you very much for the lovely time that I had in your home with your son, Taek Jung. Taek Jung is a good man and a very pleasant friend. He is very considerate to me, a foreigner, and he has tried to help me to, The enjoyable side of Korean life.

The visit in your home was the most enjoyable Korean experience that I have had. I shall never forget your kindness to me. Thank you very very much for your generous hospitality.

Very sincerely you

Charles L. Ho

마을에 대통령을 불러들였다는 여론으로 홍영기는 여러 사람의 입에서 입으로 인기가 급상승하였다.

이에 청도 지역구 공화당과 임명 군수는 숙의를 하여 대책을 수립하게 되었고, 마침내 운문댐 건설이란 묘안을 떠올려 수몰을 핑계로 하천부지 개간을 무산시킨 것이다. 개간된 하천부지가 준공되면 다시 대통령의 재방문이 이루어질 수 있다는 위기감을 느낀 지역 간신배들이 알아서 필부 홍영기의 부상에 제동을 건 것으로 생각된다.

이런 과잉 충성하는 공무원들의 발상이 오늘에 이르러 신도리 대통령 관련 합성사진 조작과 "정차했다. 정차 후 후진했다. 수행원으로 하여금 상황을 파악하도록 했다. 직접 내려 마을 주민과 환담했다."라고 부풀려 사실을 왜곡하고 있다. 청와대 홍보실 사진기자들과 일반 청와대 출입 사진기자들이 대통령의 일정을 수행하고 일거수일투족이 촬영되고, 일간지와 대한 뉴스에 보도된다. 이런 ABC도 모르는 눈 감고 아웅하는 초등학생 수준의 왜곡이 버젓이 이루어지는 행정조직이 한심스럽다. 이런 행위가 역사의 왜곡임을 인식하지 못한 것일까? 이런 지시를 누가 내렸으며, 어떻게 진행되었는지 반드시 밝혀져야 한다.

청도는 유난히 새마을과 인연이 깊다. 여성 지도자 홍영매 씨도 청도다. 사실 그대로를 밝히는 것은 박정희와 새마을정신을 진

214

▲ 문명 새마을 농장 1차 개간지　　　▲ 완공된 문명 새마을 농장

정으로 기리는 것이다. 이런 과잉 충성을 넘어선 왜곡으로 청도군이 얻게 되는 현실적 알파가 무엇일까?

3. 대통령의 약속이 지켜지지 않게 되자 선친은 노발대발하셨다. 일국의 대통령이 일구이언을 하였으니, 그 연유를 모르시는 선친의 배신감은 당연한 것이었다. 그리하여 1972년 내가 제대한 시기에 정부의 도움없이 자비(自費)로 하천부지 개간 작업이 시작되었다.

운문지역은 협소한 골짜기에 가파른 산이라 흙을 채취할 토취장이 없었다. 겨우 개울 건너 산에다 흙을 파기로 했지만, 반 이상이 돌이었다. 지금처럼 포크레인이나 성능 좋은 덤프차가 있는 것도 아닌 시절이니 블도저와 페이로더 그리고 덤프 몇 대로 공사가 시작되었다. 나는 현장에서 흙을 퍼담는 작업을 감독하랴, 논바닥에 흙을 붓는 것을 감독하랴 동분서주하며 하루하루를 보냈다. 흙이 고갈되어 인근 논을 파서 몇 차 싣고 나면 이내 자갈이 나왔다.

천신만고 끝에 겨우 흙을 깔아 개간을 끝냈지만 좋은 흙이 부족하여 흙이 얇게 깔린 곳에는 호미로 모를 심기도 했다. 그리고 인근 구(舊)들의 보에서는 물을 나누어 주지 않아 군데군데 물구덩이를 파고, 개울에서 호스로 물을 퍼다 쓴 악천고투 끝에 새마을 농장의 첫 수확을 할 수 있었다. 생각하면 도저히 할 수 없는 일을 이루어 낸 것이다.

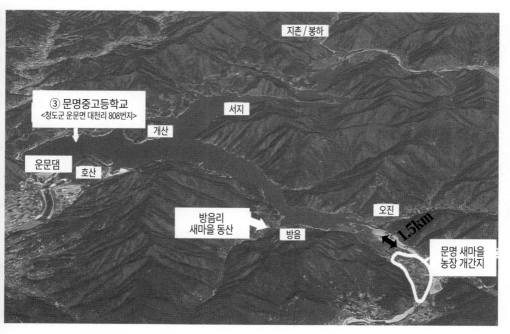

▲ 완성된 문명 새마을 농장과 수몰선은 상당히 거리가 있음을 확인할 수 있다.

지금도 운문댐 수몰선은 개간지 1.5킬로미터 밖이다. 공직자들의 과잉 충성이 빚은 웃지 못할 코미디다. 생존하는 당시의 관계자들은 지금도 함구하고 있다.

9대 총선

홍택정(문명 중·고등학교 이사장)

▲ 제9대 국회의원선거 경북 제4선
거구 국회의원 홍영기 선전 벽보

1973년 2월 27일에 실시한 9대 국회의원 선거는 나에게 많은 교훈을 남겼다. 1969년에 입대하여 72년에 제대를 하고 난 후 바로 아버님이 9대 국회의원 출마를 결심하셨다. 어린 나이였지만 내 소견에도 서슬 퍼런 공화당의 군사정권 아래서 무소속, 그것도 전국 최고의 막걸리와 고무신이 난무하고, 여당 지지도가 높은 지역에서 무소속 출마는 계란으로 바위 치기라는 생각으로 아버님을 만류하였다. 하지만 어른들이란 결코 자기 결심을 꺾는 법이 없다. 결국 후보 등록과 함께 선거가 시작되었다.

　　지금 생각하면 당시 분위기는 선친께서 충분히 고민하실 만한 형편이었다. 유신정우회(이하 유정회) 권유와 안기부, 경찰에서의 각종 신원조회를 통해 유정회 예비후보 관련 조사 등으로 농민대표 유정회 의원 진출의 힌트를 던지고 있었다. 당시 대통령께서 박경원 지사에게 선친의 무소속 출마를 아쉬워하였다는 이야기를 들었다. 선친은 농촌 새마을 지도자로서의 선출직 국회의원을 생각하시기에 이르렀다. 만류에도 불구하고 무소속 출마를 결정하였고, 선거는 막이 올랐다.

　　돈이나 조직도, 타고난 성씨조차 희귀한 홍 씨다. 어느 한 가지 타 후보들보다 유리한 것이라고는 없는데, 일이 벌어진 것이다. 자식으로서 그냥 손 놓고 있을 수만은 없어 청도지역을 둘로 나누는 산동과 산서를 맡아 고난의 행군이 시작되었다. 이렇게 천지에 갈 곳 없는 무소속 운동원이었던 나는 밥 한 끼를 해결하기도 어려웠다. 지금처럼 식당이 흔하기나 하나, 치킨집도 없으니 배달도 불가능이라 끼니때가 가장 곤혹스러웠다. 아침에 김밥이나 도시락을 싸서 지프차에 싣고 다니면서 적당히 해결했지만, 1박이라도 하게 되면 더욱 곤란하였다.

　　한 번은 청도 유등의 일족 집을 방문하였는데, 연로한 어른께서 손도 잡아주시고 등도 쓰다듬어 주시며 격려를 해 주셨다. 일족에 대한 그리움을 격려로 표현하신 것이다. 그러나 9대 국회의원 선거는 그야말로 하나 마나 하는 다윗과 골리앗의 싸움이었다. 나는 이때 따듯한 저녁 한 끼를 대접받은 일로, 본교의 교감으로 채용하여 신세를 갚은 일도 있다. 그토록 무소속 후보자의 운동원에게는 지지 세력이 절박했던 것이다.

후보 등록 이후부터 내 표가 몇 표다, 무슨 무슨 동창회다, 친목계 등등의 빌미로 도와주겠다는 사람들이 나타났지만, 거의 무일푼인 우리로서는 어쩔 수가 없었다.

선거자금이 넉넉하였다면, 몇몇 유력하다고 판단되는 조직과 연계 할 수 있었지만, 무소속인지라 누가 암까마귀인지, 수까마귀인지 알 수 없었다. 그리고 돈으로 하는 선거를 아예 생각하지 않았기 때문에 모든 자칭 표밭을 가졌다는 꾼들을 배제하였다. 나는 객지에서 유학한 관계로 고향 친구가 거의 없었고, 더구나 산골의 70여 호 중 문중 성씨를 가진 혈족은 40여 호에 불과하다 보니, 선거의 관권이기도 한 혈연, 즉 연비 연사의 한계가 손바닥만 하였다. 유일하게 전직 경찰관이었던 관하의 도 선생과 한 조가 되어, 여기저기 아는 사람을 찾아 나섰지만, 사전 선거운동과 무소속과의 접촉을 꺼리는 분위기라 어찌해볼 방법이 없었다.

그럼에도 청도 대곡의 박금수 씨는 영원히 잊지 못할 분이다. 아버님 제자이신 박형곤 님이 소개하신 분으로 당시 문중에서는 현역 의원을 절대적으로 지지하기로 결의한 형편이었지만, 하룻밤 묵으면서 의기투합하여 눈물까지 흘린 분이다. 청도 유호리에 시조시인 이호우님의 아우였던 이영우님은 술을 좋아하신 호인이셔서 그 털털함을 잊을 수 없다. 한 번은 집안 할아버지이신 평촌

댁 홍광덕 할아버님의 사돈댁 회갑연이 있어 함께 관하를 방문하였다. 소리를 좋아하는 한량이신지라 거나하게 취한 김에 양산도를 부르고 다시 앙콜을 받으시다 결국 막차를 놓쳐 밤길을 삼십리나 걸어 온 웃지 못 할 즐거운 추억도 있다. 김전의, 김칠만 자형도 성심으로 도와주셨고, 계란 꾸러미와 종답을 처분하여 성원해준 문중 일족들도 눈물나게 감사하다. 관하의 도용철 어른도 너무 고마웠지만, 아무 보답도 해드리지 못한 것이 평생 마음에 걸린다.

다행히 아버님께서 5·16민족상 수상과 박정희 대통령의 방문으로 한 새마을 지도자로서의 명성을 바탕으로 선거를 꾸려나갔다. 나는 연설문을 써드렸다. 한창 통일벼 재배를 시작하여 수확하였지만, 품종개발이 미흡하여 벼 알갱이가 논바닥에 많이 떨어지는 단점으로, 많은 농민이 정부의 통일벼 보급에 불만이 많았다. 청도 풍각 등 유세장에서는 언제나 많은 호응과 지지가 있었지만, 예나 지금이나 지지 후보의 연설이 끝나면 동원된 청중들은 단체로 빠져나간다. 그래도 농민 출신 후보에 보내는 성원은 상상 밖이었다. 바로 그 자리에서 투표한다면 승산이 있을 것 같았다.

우리 집 헛간에 키우는 소 한 마리에게 바쳐지는 정성을 생각해 봅시다. 여름에는 어린아이들이 산으로, 들로 몰고 다니면서 다리는 가시에 긁히고, 온갖 물 것과 뙤약볕을 마다하고 소를 먹이러 다닙니다. 농부는 아침 저녁으로 논 두렁에 풀을 베어다 먹입니다. 겨울에는 삼시 세끼 불을 때어 소죽을 끓여 바칩니다. 이틀이 멀다하고 소마구간에 쌓인 쇠똥을 치우고, 해가 나면 밖에다 매어 놓고, 저녁에는 외양간으로 끌어옵니다. 만약 부모에게 이렇게 한다면 이름난 효자가 될 것입니다.

여러분! 우리가 이렇게 키운 소는 어디로 갑니까? 서울 등 대도시의 갈빗집과 식당으로 사라집니다. 서울에는 소마구간도 쇠똥도 보이지 않지만, 전국의 맛있는 소고기는 도시 사람들의 식탁에 올라갑니다. 여름내 모기에 물리고, 가시에 다리가 긁힌 우리 아이들과 소꼴을 베고 소죽을 끓이고, 쇠똥을 치우는 우리 농민들은 일 년에 소고기를 몇 점이나 먹습니까?

어민 여러분! 바람 불고 파도치는 거친 바다에 목숨을 걸고 잡아 온 고기 중에서, 크고 굵은 고기 한 마리 잡수신 적이 있습니까? 돈 만드느라 큰 고기는 다 도시로 팔려나가고, 배 터진 잡어나 겨우 한 토막 먹어보는 것이 우리 어민들의 생활입니다. 목숨을 걸고 일한다면, 최소한 그 만큼의 대가는 주어져야 합니다. 그러나 우리 어촌의 현실을 생각해 보십시오.

감포 등 어촌에서의 연설문도 내가 썼다. 그 연설문 내용은 기억을 돌이켜 요약하면 대충 이러하다.

위 내용으로 유세장의 열변에 많은 박수가 터졌지만, 고무신과 막걸리를 앞세운 평생 여당인 골수 공화당원인 시골 유지들의 요지부동한 여당 지지세를 꺾을 수는 없었다. 심지어 홍영기는 당선되어도 선거법 위반으로 당선 무효가 된다는 등의 루머까지 퍼뜨리는 형편이었다.

투개표 날이 와서 나는 산서(청도읍을 포함한 서쪽)지방의 투표장을 돌아다니며, 상황을 살펴보았다. 오후 4시쯤에 투표율이 대략 50%를 좀 넘는다고 하였는데, 한 바퀴 돌아오면서 보니 90%에 육박하였다는 소리를 들었다. 개표 참관인들은 개표장 2미터 밖에 줄을 쳐놓은 곳에서만 개표를 참관할 수밖에 없었다. 투표함을 개봉하여 책상 위에 엎질러 놓자 여기저기 접은 곳이 일정한 무더기 표가 나타났다. 개표위원장인 청도교육장 김 모 씨에게 이의를 재기하여 검표를 하였는데, 모두 1번 공화당에 기표된 표였다. 이는 분명히 기권자들의 투표용지를 이용하여 대리투표를 하면서, 한 장씩 접을 시간이 없어 뭉터기로 열 장, 스무 장씩 접어 넣은 것이었다.

그러나 개표위원장은 무효투표라고 말했다. 나는 1번 공화당에 기표 된 부정투표임을 주장, 개표 중단을 요청하고, 각 투표함의 검표를 제기했지만, 묵살되고 다음 함부터는 뚜껑을 열고, 개표종사원들이 손으로 투표용지를 휘저은 다음에 쏟아붓는 것이 아닌가?

이에 화가 나서 개표위원장을 인질로 잡아, 난동을 부려야만 온 세상에 알려질 것 같아 나는 극도로 흥분하여 칼을 준비하려고 마음먹었다. 하나 이 소동으로 정보를 받고 출동한 형사들에게 제지당하였고, 옥기진 경찰서장과 면담이 이루어졌다. 서장님은 아버님과도 친교가 있으신 정말 경찰답지 않은 젠틀맨으로 소문난 분이셨다. '앞길이 구만리인 젊은 친구가 이런 작은 일로 인생을 망쳐버릴 수는 없다'는 진정어린 충고에 나는 분노를 참고 말았다. 지금 생각해도 참 고마운 분이셨는데, 내가 만약 내 뜻대로 인질극을 벌였다 하더라도 묻혔을 것이고, 나만 개표 방해한 난동 인질범으로 엄벌에 처해졌을 것이다.

투표장의 투표참관인들이나 개표위원장과 개표종사원들조차 모두 여당의 하수인이었다. 당시 대리투표는 물론 타 후보의 표 외에 여당 후보의 표 한 장을 얹어 타 후보의 99표를 도둑질하는

▲ "대리투표했다. 세 여승도 폭로" 「동아일보」 1975년 2월 20일자, 1면

개표 부정도 횡횡하였던 시절이었다. 16,800여 표의 정말 순수한 지지표 획득으로 낙선하였지만, 특히 우리 고향 면에서는 70% 이상의 압도적인 지지를 받은 것으로 만족해야 했다.

선거의 후유증은 예상외로 심각했다. 선거에 낙선하신 선친께서 정부에 대해 호의적일 리가 없으셨을 것이다. 이어 1975년 2월 12일에 유신헌법의 찬반을 묻는 국민투표가 이어졌고, 인근 사찰의 승려들이 대리투표를 한 사실을 동아일보 기자에게 제공하여 1면에 보도되는 사건으로 아버님은 총액 50만 원의 횡령범으로 투옥되는 사태가 발생하였다. 경상북도 방위협의회가 결정한 구속이었다.

새마을 사업을 하는 방음동과 학교공사가 이루어진 현장에서 굳어지는 시멘트와 각목 등을 빌려다 쓰고, 가져다주는 것을 횡령으로 몰아서 구속하고, 중앙일보에 이 모 기자를 통하여 마각을 드러낸 '새마을 지도자'라는 타이틀로 허위기사를 주간 중앙에 게재하여 청도군에 배부하였다.

지금의 상식으로는 도저히 상상조차 할 수 없는 부정선거와 국민의 타락상이었다. 유감스럽게도 근래까지 선거 후유증으로 매번 자살 등 부끄러운 치부가 드러나고 있어, 정말 치유되어야 할 유권자 의 선거의식이 아쉬울 뿐이다.

아버님은 막강한 공화당 정권이 영구집권을 기도한 유신헌법 찬반을 묻는 국민투표의 부정, 즉 운문사 대리투표를 고발한 용기 있는 민주화 유공자다. 아버님과 교분이 두터웠던 M모 변호사는 구속적부심에서 불구속을 전제로 50만 원을 수수하였으나 끝내 돌려주지 않았다.

알고 보니 그는 공화당 중앙 상무위원이었고, 그 후 접경 지역에서 공화당 공천으로 국회의원에 당선되기도 했다. 어려운 지인의 곤경을 이용하여 가족들로부터 거액을 편취한 사기범이라 생각된다.

선거를 통하여 나는 완전히 정치에 대한 미련을 끊어버렸다. 더러운 정치 현실과 정치인들의 내면을 속속들이 들여다보게 된 계기가 바로 아버님의 출마였다. 어떤 값진 유산보다도 내게는 소중한 경험이었기에, 평생 정치 건달이 되지 않을 수 있었다. 불행하게도 선후배 동문들이 정계에서 활약하신 분들이 많다. 당 사무총장과 당대표와 국무총리와 장관과 4, 5선을 지낸 분들이 많지만 모두들 그렇게 행복한 삶을 살고 있지 않는 것 같다.

나는 지금 나의 삶이 행복하다. 봉급은 없지만, 나와서 책도 읽고, 글도 쓰면서 손님도 만날 수 있는 사무실이 있다. 이 나이에 행복하지 않은가? 정치하던 후배가 나를 부러워한다는 말을 전해 듣고 공감했다.

아버님의 부탁

홍택정(문명 중·고등학교 이사장)

운문댐 건설이 결정되자 새로운 도시로의 이전이 급부상되었다. 결국, 경산으로 결정이 되었지만, 턱없는 보상금으로 이건한다는 것은 불가능했다. 더구나 학교 부지가 결정되지 않은 상황이라 당신께서 엄청난 애로를 겪으셨던 것으로 안다. 어느 날 호출 전화가 와서 찾아가 뵈었더니, 현 부지가 학교시설로 고시가 되어야 하는데, 이게 몹시 어려운 일인데, 좀 나서 봐 달라고 부탁을 하셨다. 경상북도 도시계획 심의위원회 위원장이 장 모 교수라는데, 혹시 좀 부탁을 할 수 있겠느냐?는 말씀이셨다.

장 교수님은 대학 은사님이셨고, 늘 저희를 사랑하시는지라 한 번 찾아뵙겠다고 말씀을 드렸다. 동기인 김장년 당시 교감과 그날 저녁 바로 장 교수님 댁을 찾아가서, 자초지종을 말씀드렸다. 장 교수님이 누구신가? 아버님도 잘 알고 계시는 터라 우리 학교 사정을 잘 알고 계신다. 장 교수님의 도움으로 현 백천동 교사 터가 학교시설지역으로 결정되었다. 교정에 조그만 표석을 세워 그 감사함을 기리고 있지만, 주신 도움에는 천분의 일에도 미치지 못한다. 그 후로도 현재까지 많은 도움과 지도편달을 주고 계신다.

그리고 얼마 지나 다시 저를 호출하셔서 찾아뵈었더니, "야! 야! 니 혹시 감정원에 아는 사람 없나?"라고 하시며 "감정원에 아는 사람도 없고, 이제 도저히 그런 일까지 못 하겠으니, 니가 좀 나서서 알아봐 달라"고 하셨다. 난감하기도 했지만, 한편으로는 못난 자식을 믿고, 이런 중대한 일을 부탁해주시는 것이 한없이 고마웠다. 보상금이 모자라 학교 이건을 하는데 턱없이 부족하여, 현재의 학교 부지를 경산시로부터 한 푼이라도 저렴하게 구입하는 것이 관건이었다. 나는 바로 매일신문사 15층에 있는 감정원으로 달려갔다. 서울 지역 선후배를 동원하려던 계획을 포기하고, 담당자를 찾아 꼭 만나 줄 것을 간청하고, 그날 저녁 K호텔에서 만나기로 약속이 되었다. 아주 젊고 잘생긴 담당자 S 씨를 잊을 수 없다. 나는 그날 밤 S 씨에게 간절히 이야기했다. 보상비는 턱없이 부족하여 학교를 옮길 수 없을지도 모른다. "학교 하나 설립하는 셈 치고 좀 도와달라"고 매달렸다. 사업을 해서 개인이 돈 벌 목적이라면 이런 부탁을 하지 않겠다. 평생을 바쳐 혼신의 힘을 쏟아부은 학교에 대한 애정 때문이니, 설립자가 되어 한번 생각해 달라고 다시 한번 부탁했다.

그 후 S 씨는 경산시를 설득하고 또 설득한 결과 만족할 만한 결과를 얻게 되었다. 현재의 산에다 학교를 지을 수는 없으니 산을 절개하고, 수백 미터가 넘는 산기슭에 옹벽을 치며, 진입로와 배수로까지의 토목공사비를 계산하여 감정가를 조정했다. 예를 들어 현 시세 평당 5만 원을 달라고 한다면, 토목공사비까지 합치면 20만 원도 넘으니 토목공사비를 반드시 감안해야 한다고 설득하였던 것이 주효하였던 것 같다. 나는 지금도 S 씨를 잊지 못하고 있다. 중도에 외국으로 이민 가서 재 귀국 시에 만나 반가움을 나누기도 했는데, 지금은 어찌 된 연유인지 아쉽게도 소식을 모르고 지낸다.

이것이 해결되고 나서 다시 아버님의 호출을 받아 가니 이제는 이건 자금이 모자라, 법인 소유 임야를 산림청에 매도해야 하는데, 감정원의 감정 역할이 매우 중요하니 잘 좀 교섭하라고 부탁하셨다. 300여만 평의 임야를 산림청에 매각하는 일이란 그리 녹록하지가 않은 일이기 때문이다. 이제는 평당 단돈 1원이라도 저평가되지 않도록 최선을 다해야 했다. S 씨는 담당 지역이 아니라, 다시 담당하는 분들을 만나 학교의 형편을 설명드리고, 어쨌거나 도울 수 있으면 좀 도와달라고 부탁하였다.

이렇게 미력이나마 아버님을 도울 수 있도록 늘 주위에 도와주신 분들에게 감사드리며 살아왔다. 2차 매각 시 도와주셨던 K 선생은 퇴직 후 대구에서 부동산 중개업을 한다고 하여, 소식을 알게 되었으나, 내 불찰로 소식이 두절되어 버렸다.

세상에 못 하시는 일도 없고, 포기하는 일은 더구나 없으셨던 아버님께서 운문댐 수몰로 인해 경산으로 학교를 이건할 당시에는 당신 혼자서 이일 저일을 하시느라 정말 눈코 뜰 새가 없으셨을 것인데, 나는 마산에서 사업을 하고 있던 관계로 학교 이건 공사에는 거의 도와드리지 못했다.

당시 50사단 공병참모로 재직하던 본교 졸업생, 전 2군사령관 박영하 장군이 장비를 지원하여 절토 작업에 많은 도움을 주었다. 이처럼 우리 졸업생들의 학교에 대한 애정은 남다르다. 산을 깎아 운동장과 교사, 기숙사 터를 다지고 벽돌 한 장 한 장이 놓이는 모든 일을 직접 당신의 눈으로 확인하시는 과정에서 얼마나 큰 노력을 기울였는지는 우리 교직원들은 물론 공사장 관계자들, 동네 주민들도 잘 알고 있다. 진입로가 없어 진입로를 만들어 경산시에 기부채납하기로 하여 하수로 공사를 하였으며, 마지막 진입로 사용을 허락하지 않는 동네 주민의 비협조로 평당시세 5만여 원 이하의 땅을 100만 원을 주고 구입해야하는 일도 있었다. 이제 그 땅이 평당 200만 원을 넘어섰다.

하지만 워낙에 모든 일을 관장하시는지라 감히 "이 일은 제가 하겠습니다. 이건 이렇게 하면 좋지 않겠습니까?"가 전혀 받아들여지지 않기 때문에 하명이 있기 전에는 모두 팔짱을 끼고 있을 뿐이었다. 지금 생각해도 조금만 더 일을 나눠 주시면서, 일을 배우도록 하셨다면 평생을 일에 파묻혀 사시지는 않았을 것이다. 모든 걸 당신이 직접 해야만 직성이 풀리는 성미라 일에 대해서는 남을 믿지 않으셨다. 그런 스타일이 장점도 많았지만, 더러 시행 착오도 있기 마련이었다. 엄동설한에도 여전히 공사장을 지키시는 모습이 너무 안쓰러워 퇴근을 권하여도 묵묵부답으로 당신이 끝났다고 판단하실 때까지 머무르기가 일쑤였다.

경산으로의 이전은 문명고의 미래가 결정된다는 큰 포부를 가지시고, 최고의 시설, 최고의 학교로 개교하시리라는 꿈을 가지고 계셨던 것이다. 당시로는 최신 시설의 기숙사를 지어 학생들이 통학의 번거로움 없이, 마음 놓고 공부할 수 있는 기숙사를 지었다. 교실을 짓는 것보다는 훨씬 예산도 많이 드는 일이었지만, 학생들을 위한 특별한 시설로 경산에서 명문 학교로 발돋움하기를 간절히 원하셨던 것이다. 대충 지어 개교하고, 연차적으로 예산도 좀 타서 지으면 될 것인데, 당신의 머릿속에는 그런 대충이란 생각은 애시당초 없으셨던 것이다. 이렇게 천신만고 끝에 개교를 하게 되었고, 장학회를 만들어 월급봉투를 털어 넣으시기도 한 일은 잘 알려진 사실이다.

학교에 오셔도 머리 단정한 학생들에게 만 원짜리를 상금으로 주시면서 격려하시곤 했다. 정작 당신의 지갑 속에는 상금으로 주는 만 원짜리 한 장이 전부인 것은 아무도 몰랐다. 내가 어릴 적에는 오로지 학교와 마을, 지역사회에만 전념하시는 아버님이 원망스러울 때도 많았다. 처음 1966년 운문면 대천동에 학교를 설립하실 때부터 당신의 포부는 남다르셨다. 가난 속에 중학이나 고등학교 유학은 꿈도 꿀 수 없었던 대부분의 지역 후학들을 위해 과감히 시골에 개교를 하게 된 것이다. 대구나 대도시에 설립했을 수도 있었다. 당시 모 이사님은 대구에 설립하시기를 여러 번 간청하신 적도 있었다고 한다. 그러나 오로지 지역민들을 위한 학교가 되어야 한다는 원대한 꿈을 가지고, 당시로는 엄청난 시설을 갖춘 중·고교가 개교하게 되었던 것이다. 본관과 강당, 기숙사, 교직원 사택까지 갖춘 그야말로 완벽한 교육환경을 마련하신 것은 획기적인 일이었다. 이렇게 정성을 쏟아부은 학교가 운문댐 건설로 수몰되게 되자, 인근의 경산으로 이건을 결심하게 되어 또 한 번의 시련과 역경을 헤쳐나오게 된 것이다.

나는 잘못 판단하신 일에 대해서는 언제나 강력하게 반대의견을 제시하는 유일한 야당이었다. 충돌도 많았지만, 이해하시도록 설득하여 당신이 만족하신 경우도 많았다. 특히 건축 분야를 제외한 실용적인 냉, 난방이나 설비 부분에서는 많은 양보를 하셨다. 심야 전기를 이용한 보일러와 온풍기를 학교에 설치하여 석유배급과 매연으로부터 해방되어 쾌적하고 안전한 겨울을 보냈던 것이 큰 성과였다.

이러던 중 김대중 정부 시절 학급당 인원이 35명으로 조정되면서 갑작스레 교실 증축을 하게 되었다. 그간 2학급에서 3학급으로 6학급까지 증설된 터라, 우리 입장으로서는 얼마나 큰 경사였는지 모른다. 문제는 본관 건물을 옆으로 이어서 증축하는데, 부지가 부족하다는 문제에 봉착하게 되었다. 하지만 나는 이미 현부지에 짓고도 남는다는 사실을 확신하고 있었기에 강력히 주장하였다. 마침내 측량 결과 충분하고도 남아 일사천리로 교사 증축이 시작되었다. 이제 6학급으로 남부럽지 않은 규모를 갖추게 된것이다. 그때만 해도 직영이 가능했던 터라 어떻게 해서라도 교실 한 칸이라도 더 만들려고 무던히도 아끼고 절약했다. 영남가설자재에서 모든 목재나 부자재를 중고로 구입해서 아끼고 아낀 결과현재의 터널 쪽 건물이 완공되었다. 그러나 이어 짓는 부분을 너무 절약하느라 벽돌로 한 번 더 조적하지 않은 탓인지, 증축하면서 갑자기 성토한 부분의 침하가 계속되는 탓인지, 조금씩 균열이가서 대대적으로 옥상 방수공사와 함께 보수공사를 하였다.

이제 고등학교는 1993년 이전한 이후 전 교직원들의 노력으로어느 정도 기틀이 잡혔다고들 한다. 학생들과 교사들이 자부심을가지고 지역사회에서 인정받는 학교가 된 것은 결코 우연이 아닐것이다. 세상의 평가는 우리가 바라는 만큼 되지는 않을 수도 있다. 그러나 결코 땀 흘리고 노력한 과정을 간과하지도 않는다. 우리가 목표로 삼았던, 공부도 하면서, 올바른 사람, 용기 있는 사람

이 되는 법인훈 즉 지, 덕, 용(知, 德, 勇)을 이루기 위해 부단한 노력을계속해 나갈 것이다.

운문호에 잠긴 새마을 종소리

김정식(행정학 박사, 전 육군3사관학교 교수)

봄바람에 푸르러 맑은 운문호의 물결이 출렁거린다. 철썩철썩 은빛 봄 햇살이 따라 일렁인다. 강둑 위로 붓끝같은 하얀 산버들 잎새는 금방이라도 톡 터질 것만 같다. 지난 삼동 내내 가문 까닭에 수위가 한 길 낮아진 호수는 숨겨둔 보고처럼 방음동의 옛 모습을 나직이 드러낸다. 물결에 닳은 집터를 남긴 그 옛날의 방음동(청도군 운문면), 가마솥을 구워낸 흔적인 듯 땅바닥 군데군데 발갛게 익은 점터와 주춧돌을 세운 축대, 우물가의 돌벽 그리고 마을 앞 실개천까지 풀 한포기 걸치지 않은 민둥산처럼 살짝 드러낸다. 교각을 치켜 세운 방음교는 진흙 뻘 물결무늬로 부조를 새긴 듯하다. 사라진 담장 아래서 봄 햇살 앞세우고 상사화 푸른 잎이 피어날 듯하고 불매 잦는 불편수의 거친 숨소리도 들려오는 것만 같다. 그뿐인가. '잘 살아 보자'고 외치던 새마을의 종소리가 어제처럼 귓가를 쨍쨍거린다.

20번 국도가 쉬어가는 청도 운문호 삼거리에서 언양~울산 방

234

▲ 새마을운동의 선진지, 청도군 운문면 방음리 옛터이며 운문호에 수몰되기 전 대구에서 운문사로 지나는 길목인 방음마을 앞의 방음교.

향의 69번 지방도로를 따라 4킬로미터 거리에 이르면 당간 모양의 자연 표지석이 가리키는 '방음동 새마을 동산' 앞에서 걸음이 절로 멈춰진다.

길가에 마련한 1천여 평의 공간은 새마을운동의 불씨를 댕긴 살고파마을, 방음동의 내력을 담고 있는 야외 전시장이요 공원이다. 70년대 초, 새마을운동의 기치를 높세운 곳임을 기록하고 있다. 공원 안으로 들어서면 표지석 좌우로 박정희 대통령의 휘호, '새마을정신'과 '새마을운동의 생활화'를 식자하여 음각한 기념비석을 만난다. 비면에 부착된 주름진 얼굴의 방음 동네 주민들과 새마을 지도자 홍영기 선생 그리고 그들을 마주 보는 박정희 대통령의 만족한 얼굴이 행인을 반겨주는 것만 같다. 1972년 3월 24일, 박정희 대통령께서 새마을운동의 선진지 방음동을 방문한 기록 사진들이다.

침묵 속의 솥계골 점터

방음동을 비롯한 인근의 소진과 신원리 일원의 자연부락은 가마솥(조선솥)을 굽던 곳으로 솥계골이라 부른다. 운문산 자락의 맑고 빠른 무적천 물길을 따라 옹기종기 모여 사는 이 지역은 솥을 제조하는 데 필요한 연료자원이 풍부하고 원료철과 제품을 유통하기에 좋은 곳이었다. 그중에서도 방음리는 18세기 중엽부터 1920년대에 이르기까지 약 200년 동안 솥 제조사업(무쇠부질업)을 대규모로 경영했던, 국내에서도 보기 드문 전통적인 수공 산업지역이다.

찰흙으로 바슴(솥틀)을 만들고 끓는 쇳물을 부어 솥을 만들어내는 점일은 숙련된 기술과 노동력을 필요로 했고 농사에 비하여 그

▲ 69번 지방도로를 가다보면 '방음동 새마을 동산' 표지석이 우뚝 서 있다. 이곳은 새마을운동의 불씨를 댕긴 살고파 마을, 방음동의 내력을 담은 공원

부가 가치는 대단했다. 솥계골의 솥은 남쪽으로 언양과 울산을 비롯한 경남 일대와 북쪽으로 자인과 상주를 거쳐 전국으로 유통되는 명품 솥으로 자리매김했다. 예나 지금이나 솥은 여전히 주방기구의 필수품이던 만큼 전통사회에서 솥을 제조하는 사업은 개인뿐만 아니라 방음동과 솥계골 일대를 부촌으로 만들어 놓기에 충분했다.

한 째기(솥을 세는 단위)의 익부리(수제품의 솥)는 흙과 불과 잘 달군 쇳물 앞에서 이루어지는 힘겨운 노동과 땀의 산물이었다. 신명을 돋구는 불매가락이 절로 흘러나오기 마련이다.

> 불매 불매 불매야 이 불매가 누 불매고
> 불매 불매불매야 경상도 청도땅 솥계골 불매지
> 우야 딱 딱 불매야 어어 동동 불매야
> 숯은 어디 숯이냐 운문사 숯이지
> 불매 불매 불매야
> 쇠는 어디 쇠냐 점터 골 판장쇠지

일제기를 거치고 근대화되면서 솥 제조업이 서서히 사양길로 접어들기 시작한다. 공장제 솥(생부리)이 보급된 까닭이다. 그뿐 아니다. 신제품으로 등장된 희고 얇은 백철 솥에 이어 양은솥은 두껍고 투박한 솥계골 익부리의 맥줄을 끊어놓고 말았다. 격변의 4~50년대를 거치면서 방음동은 풍요를 과거로 묻어버린 채 여느 다른 농촌마을과 다름없는 가난 속으로 점점 시들어가고 만다.

▲ 모든 동민들이 혼연일체가 되어 살기 좋은 고장으로 만들겠다는 뜻으로 홍영기
　이사장이 만든 '살고파 마을'

새마을의 불씨 '살고파마을'

　군대 생활을 마친 홍영기 소령은 고향 땅, 방음으로 돌아온다. 1960년 늦봄이다. 운문면 소재지인 대천에서 버스를 내린 그는 시오리 길이 족히 되는 방음동까지 걸어갈 요량이었다. 운문산에서 발원된 무적천 개울을 거슬러 꼬불꼬불 이어지고 흙먼지가 펄펄 날리는, 자동차 두 대가 겨우 교행할 수 있는 좁은 길이다.

　걷는 등 뒤로 햇살이 따뜻하게 내려쬔다. 갯버들이 파란 잎새를 드러내고 산도화가 붉게 피어난다. 타박타박 걷는 걸음 뒤안길로 지난 10여 년 동안 전쟁을 치르고 국토를 개척한 일들이 주마등처럼 스치고 간다. 동시에 자신 앞에 전개될 미래의 길을 그려 보곤 했다.

　고향에서 맞은 첫 날 아침, 홍영기는 메마른 밭이랑 앞에서 살풍경스러운 감정을 지우지 못한다. 바람결이 이마를 스치고 가자 가난의 참담함이 더했다. 자신이 태어나 자라던 때까지만 하여도 방음동은 인근의 마을 중 가장 풍요로운 땅이 아니던가. 그러나 솥공장이 문을 닫으면서 시작한 어둡고 무거운 가난의 터널을 여태 벗어나지 못하고 있음이 가슴 시리도록 아팠다.

　거기다 전쟁이 남기고 간 상처가 한 꺼풀 더하면서 기댈 희망 언덕을 찾지 못하는 궁핍한 삶들이었다. 개울 위로 피어난 짙은 물안개 밑으로 넓은 자갈밭이 그의 눈을 번쩍이게 하였다.

　순간, 군에서 산간 도로를 개척한 경험을 떠올린 홍영기는 옳다. 자갈밭을 옥토로 만들어 내리라! 자신도 모르게 두 주먹을 불끈 쥐면서 그 기반 위에서 옛날의 부를 찾으리라 다짐한다.

꿈은 피땀으로 실현해야 했다. 빈 땅으로 내버려진 2만 여평의 무적천 주변의 자갈밭을 일구어내기 시작한다. 밤낮이 없었다. 지난날 초등학교의 교사와 군의 고급간부로서 당시 사회의 지식인이던 운은 홍영기, 그는 과거의 모습을 벗은 채 오로지 땅을 파고 쟁기질로 해 가는 줄 모르는, 여느 촌부나 다름없는 농부가 되어 있었다. 외양간을 치우고 흙 거름을 만지는 일에 익숙해진 자신을 두고 주민들은 '쇠똥 소령'이라 불러주었다. 진심을 이해 한 70여 호의 주민들은 운은을 마을 협동조합장으로 추대하기에 이르렀다. 계몽과 소득증대를 위한 일에 밤낮을 가리지 않던 운은은 1967년, 마을 이름을 숫제 '살고파마을'로 바꾼다. 한 번 잘 살아보자는 의미리라. 박토를 옥답으로 바꾸고 가난을 벗어던져 복되게 살아보자는 희망의 메시지를 담은 동네 이름이었다.

방음동, 살고파마을의 농가소득이 늘어나기 시작하자 운은은 무엇보다 공동체의 편익을 높이는 일에 관심을 기울인다. 공동 기와 공장을 열어 지붕을 개량하고 손수레가 자유롭게 움직일 골목길을 넓힌다. 농민회관을 짓고 공동 목욕탕과 공동 정미소를 만들기도 하였다.

동네에 유일한 기존의 정미소는 운은의 부친이 경영하던 물레방앗간이었다. 그런데 원동기에 의한 공동정미소를 만드는 일은

▲ 농창고와 구판장

▲ 농민회관 앞에서 새마을 시찰단 방문 기념 촬영

곧 부친의 생업을 박탈하는 일이나 다름없었다. 불효라는 생각에 참으로 가슴 아픈 일이었지만 사사로움을 버리고 마을 전체를 위한다면 그 또한 대효를 앞세우는 일로 여긴 것이다.

그 일로 하여금 한동안 부자관계가 소원해질수 밖에 없었다고 한다(홍영기 1991, 『내고향 운문을 용궁에 바치고』). 가난하던 첩첩산중의 마을이 하루하루 달라지기 시작한다. 도시처럼 반듯한 골목길과 공동 공간들이 늘어났고 소득 수준이 늘어나면서 살기 좋은 마을로 거듭났다. 살고파마을의 잘 살기 바이러스는 인근 마을과 마을을 넘고, 경상북도를 건너서 전국으로 퍼져 나갔다. 그야말로 살고파마을은 1970년부터 본격적으로 시작된 새마을운동에 불씨를 댕긴 부싯돌이 된 것이다. 농촌계몽과 지역개발의 공로가 인정된 운은은 1968년 5·16민족상을 수상하는 영예를 얻는다.

마침내 1972년 3월 24일, 박정희 대통령이 살고파마을, 방음동을 방문하고 새마을운동을 선도해 나간 현장을 돌아보면서 지도자 홍영기 선생을 비롯한 주민들을 격려한다. 그리고 마을을 떠나기 전, 마을공원 가운데 한 그루 흰 목련 나무를 심어놓았다.

박정희 대통령이 심은 '대통령의 나무'

1985년부터 운문댐이 건설되자 새마을운동의 횃불을 널리 밝

힌 방음동은 지난날의 흔적을 죄다 물속으로 묻고 용궁의 나라가
되어버린다. 그 기억을 되살려두고자 운은 홍영기 선생(2011년 작
고)이 거액의 사비를 희사하여 수몰된 마을 서쪽 까치산 자락에
'방음동 새마을동산'을 조성하여 오늘에 이른 것이다. 동산이 문
을 연 2001년, 당시 국회의원이던 박근혜 대통령은 이곳을 방문
하여 부친이자 새마을운동의 창시자이던 박정희 대통령이 새마
을운동에 쏟아부은 애정의 면면을 떠올리면서 세월 따라 훌쩍 노

▲ 박근혜 전 대통령이 2001년 국회의원 시절, 새마을 동산을 방문하여 홍영기
이사장으로부터 '살고파마을'의 내력에 대해 설명을 듣는 모습.

목으로 자란 목련화, '대통령의 나무'를 정겹게 바라보았다. 그리고 4년 뒤인 2005년에는 육영재단이사장 박근령 씨도 다녀간다.

새마을 동산 뒷켠에 마련한 소박한 전시관에는 방음동 새마을 사업에 관한 자료와 박 대통령의 정신이 담긴 귀한 기록사진들이 그 당시의 이야기를 찬찬히 들려주고 있다.

초민들의 땀 젖은 방음동은 다시 되돌릴 수 없지만, 그 땅에서 잘 살아보자 다잡던 굳센 정신과 실천 행동은 영원히 우리와 함께 살아갈 것이다. 오가는 행인들이 '방음동 새마을동산' 앞에서 잠시 발길을 머무는 것도 그러한 의미이리라.

글로벌 새마을 포럼은 최근 국민의 80%가 제 2의 새마을운동을 요구한다고 했다. 새마을운동에 긍정적인 태도를 보이는 증좌다. 마침, 청도군에서도 '방음동 새마을동산'을 군립 공원으로 재조성하려는 의지를 표명하고 있으니 지난 세기 우리 사회 개혁의 원동력이 되어준 새마을운동과 디지털 시대를 접목하여 시공간을 뛰어넘기를 희망한다.

아울러 '방음동 새마을동산'은 새마을운동의 선진지를 기록하는 기념관이자 새로운 교육장으로 거듭날 것이다.

부록

언론에서 바라본
운은선생

영남일보 1960년 1월 11일

내용:

문명교육재단 이사장 홍영기 우수졸업생엔 장학금, 극빈자에게는 셔츠와 고무신, 전교생에 교과서, 학용품 給與. 청도 운문사 가까이 깊은 산골에 자리 잡은 문명 초등학교 3백 60명 아동들의 교과서 및 학용품대 일체를 문명교육재단에서 대주고 가난한 아동들에 대해서는 런닝, 샤스, 고무신까지 사주어 향학열을 고취시키며 이상적인 학교를 만드려고 애쓰고 있다. 이와 같은 현장은 전국에서 볼 수 없는 일이라고 한다. 이 학교는 청도군 내에서는 가장 빠르게 지금으로부터 60여년 전 뜻있는 몇몇 사람들에 의해 사립학교로 출발을 해서 일제 말엽까지는 사립학교로서 명맥을 유지해왔다고 한다.

문명교육재단의 재산은 방대한 임야 등을 합쳐 2천만 원이나 된다고 한다. 재단이사장인 예비역 소령 홍영기 씨 말에 의하면 70만원을 들여 착공한 현대식 양옥교사는 9월 말에 준공될 것이라고 했다. 깊은 산중에 자리잡은 학교지만 모든 실험을 다 할 수 있고 앰프, 녹음기 등이 갖추어 있어 도시의 어떤 국민학교 시설에 비추어 조금도 뒤떨어지지 않는다고 한다. 문명교육재단에서는 교과서비는 물론 한달에 연필 한자루와 노트 3권을 사주고 아주 어려운 아동들에게는 한 달에 60원, 그 보다 좀 덜 어려운 아동들에게는 30원을 주어 샤스며 신발을 사 신도록 하고 수학여행을 갈 때는 교육재단에서 일체의 경비를 부담한다는 것이다. 이 학교를 졸업한 어린이 중 대구 등 일류 중학교에 입학하는 수재들에 대해서 5천원의 장학금을 대주고 문명 국민학교 졸업생으로 대학교 진학 후에 자기학급에서 성적이 과반수 이내에 들면 1년 동안 만 원의 장학금을 지급해준다고 한다. 또한 선생들 중 교육열이 제일 높은 선생에게는 만 원, 2등 3등의 실적을 올린 선생에게는 7천 원과 3천 원을 연말에 준다고 한다.

매일신문/ 영남일보/1962년 5월 29일

西紀 1962年 5月 29日 （火曜日

【東洋】

絶糧民에나락

徐院 한少領이

【洛東】洛東面勞
動組合 협동농민정 （鄭
償祚）씨의 9명을곱기
위해 협동조합에 담보
맡던 나락（敎）10가마
니를 찾아서 이들에게
매인당 1가마니씩 나
누어주었다
2년전에 제대한예비
役少領 金洪씨는 나
수원의 일로혼자

【海道】에서는 농촌경제
12일을계기하여 활상동
용하고있으며 와5호
개선에있어서 전입한각
와공장에서의 담벽을기

담벽을「기와」로
지붕도올해에補修

동5호 이동86
와5호 급년15호의 지
호부수활제회이머 동
농업협동조합상자와
구호해상자와 과수
신입자를 가지고한
구호호

嶺南日報

내용:

(매일신문): 絶糧民에게 나락, 제대한 소령이. 청도 운문면 방음동 홍영기 씨는 절량농민 9명을 돕기 위해 협동조합에 담보했던 나락 10가마니를 찾아서 이들에게 나누어 주었다. 홍 씨는 2년 전에 제대한 소령으로서 약간의 과수원과 전답으로 혼자 힘으로 농사를 지어왔는데 이번 난민을 구호한 처사에 대해서 많은 사람들에게 찬사를 받고 있다.

내용:

(영남일보): 농업협동조합장인 홍영기씨는 절량농가를 구호하기 위해 구호대상자와 실업자를 자기집 과수원에 취역시키고 대가로 개인 양곡을 지급함으로써 절량민을 구호하고 있다 한다.

영남일보/ 1962년 8월 21일

내용:

자주 협동 정신으로 무지와 가난을 극복하고 있는 방음동 주민들. 이들은 '흙과 더불어 사는 영광을 가자'란 말을 생활신조로 삼아 다 같이 살 수 있는 마을을 만드는 데 노력하고 있다. 농업협동조합장인 홍영기 씨를 중심으로 동민들은 정신적 협동, 기술적 협동, 경제적 협동 및 노동 협동으로 흙의 아들이 된 것을 자랑으로 알고 열심히 일하고 있다고 한다.

청도공보/ 1967년 5월 31일

내용:

궁핍하고 낙후한 생활 속에서 내일의 번영과 발전을 위하여 無知, 貧困
과 싸워가면서 농촌에 묻혀 이름 없이 자기희생의 발걸음을 남기고 있는
산 상록수 '홍영기 선생'의 업적을 서술하고 있다.

매일신문/ 1967년 10월 25일

申日葉開

매 일 신 문

현대식建物과 철근「콘크리트」로 아담하게 세워진校舍

1967年10月25日 (水曜日)

60年의 宿願이룬 文明中高校

가난한 秀才에는 獎學金주고

保健·科學室과 運動機具 마련

내용:

청도군 운문면에 학교가 설립되다. 문명 중고등학교. 대구에서 동남방향 40킬로미터 태백산맥의 줄기를 타고 내려온 산악지대다. 면민 4천여 명의 기원이 열매를 맺었다. 재단이사장 홍영기 씨는 가난한 농촌에서 실의에 우는 향학열을 달래고, 피폐한 농촌, 우매했던 농촌을 위해 '문명의 문'을 열었다고 설립취지를 밝혔다.

대구일보/ 1968년 4월 21일

내용:

5·16민족상 후보자인 청도군 운문면 방음리(개칭 '살고파 마을')의 홍영기 씨에 대한 현지 업적을 확인하기 위해 심사위원 이원엽 의원이 19일 오전에 대구에 왔다. 이원엽 의원은 "홍영기 씨는 개간에 앞장서 이농민을 붙잡아 땅을 주었고 담배, 고추 등 특용작물 재배에도 공이 컸다. 그리고 문명중·고등학교 설립, 지붕개량에서 공이 많았다"고 살고파 마을 일대를 둘러 본 후 말했다.

매일신문/ 1968년 4월 23일

내용:

기적 이룬 두메산골 마을. 이 두메산골에 개척의 삽질이 시작된 것은
1959년. 공병 소령으로 제대한 홍영기 씨의 피땀맺힌 노력이 마을사람에
게 삶의 의욕을 일깨워주었다. 쇠똥을 주워 거름한다해서 '쇠똥 영감' 별
명이 붙은 홍 씨의 노력이 기적적인 결실을 가져온 것이다. 두메마을 방
음동의 상록수 홍씨는 올해 5·16 민족문화상 수상 후보자로 올라있다.

한국일보, 영남일보/ 1968년 5월 9일

내용:

(한국일보): 5·16 민족상 수상자 결정(68年), 사회부문 장려상 수상자 홍영기- 고향인 방음동을 '살고파 마을'로 개칭 자기 소유 과수원 안에 영세농가 취로장을 만들어 농촌소득을 올리는데 공이 컸다.

내용:

(영남일보): 제 3회 5·16민족상 수상자가 7일 발표됐다. 이중 사회 부문에서 경북 청도군 운문면 방음동 567 홍영기 씨가 장려상을 탔다. 공병 소령으로 제대한 홍 씨는 사재를 털어 전국에서 으뜸가는 '자립마을'을 이룩한 공로를 인정받았다. 그는 사재로 기금을 마련하여 방음동의 1백여 호 농가의 지붕을 기와집으로 만들고 마을에서 운문사에 이르는 도로와 교량가설을 추진. '마을회관', '이발소', '마을창고'를 건립하는 등 자립마을 건설에 이바지했다. 또한 홍 씨는 수천 평의 하천을 개간 영세민을 입주시키기도 했다. 상금으로 1백만 원을 타게 된 홍 씨는 이 돈을 향토개발기금으로 쓰겠다고 말하고 있다.

중앙일보 / 1968년 5월 10일

중앙

1968年5月10日 （金曜日）

5·16民族賞

수상자의 영광

〈鄭台鉉氏〉

林業學術研究60年

▲學術·本賞＝鄭台鉉氏(86·成均館大고문)＝水原동

科學的 자원개발에…鄭台鉉氏

〈高永洙氏〉

除雜費로 林野개간

새營農 45만평개간…高永洙氏

▲産業·本賞＝高永洙氏

〈李桂順氏〉

山林개발養蠶수익

▲産業·장려상 李桂順
(48·공무원·江原道原城郡)

〈洪永基氏〉

자급飼料재배성공

▲産業·농민 洪永基
(45·農·慶北漆谷郡石田面)

地域社會개발왕장

〈李大源氏〉

▲産業·장려상 李大源

내용:

5·16 민족상 수상자의 얼굴. 지역 사회 개발에 앞장. 사회 부문 홍영기 (경북 청도군 운문면 방음리 567의 2). 60년 육군 소령으로 예편. 이 고장 지역 사회 개발에 있어 산업, 교육, 문화, 종교 등 사회 전반에 걸쳐 많은 업적을 남기고 있다. 위생시설, 구매장, 농민회관 등을 건립하고 영농법 의 개선을 위한 동력화, 유휴 노동력 활용을 위한 개간에 힘쓰는 한편 문 명 국민학교에 대한 재정 후원, 중고교 설립, 도로 개통, 교량 가설 등에 막대한 사재를 투입했다.

264

서울신문/ 1968년 5월 10일

내용:

5·16혁명 직후, 육군 소령에서 예편된 홍 씨는 등용될 수 있었던 숱한 관직을 외면하고 표연히 고향에 돌아왔다. 태백산맥의 남단, 해발 500미터의 산중인 경북 청도군 구름문골-대대로 가난을 물려받고 사는 고향 마을을 '잘사는 마을'로 만들기 위해 발벗고 나섰다. 61년 여름 마을 이름을 '살고파 마을'로 고친 홍 씨는 사재를 털어 지역사회 개발에 바칠 것을 결심. 기울어 가는 사립 문명 국민학교를 맡아 7개의 교실을 신축하고 시설을 갖추어 공립학교로 키워냈다. 61년 10월 방음동 농협조합장으로 선출되자 제일 먼저 가난한 마을에 도정공장을 세우고 구판부, 창고, 농민회관 등을 지어 농민의 협동 정신을 불러 일으켰다. 분무기, 양수기, 탈곡기 등 영농의 기계화를 위한 각종 공동시설을 갖춰 찌든 마을에 활기가 넘치게 되었다. 유휴 노동력을 활용하여 배토, 개간 등을 서둘러 게을렀던 마을을 부지런한 마을로 일변시켰다. 협동과 피땀의 7년이 지난 오늘 구름문골 마을엔 500여만 원의 공동시설을 갖추고 연간 48만 9천 원의 이익금을 올리는 부촌으로 바꾸었다. 홍 씨는 올해 안으로 마을의 재래식 장독, 아궁이를 모두 개량하고 초가지붕을 내년까지 말끔히 기와로 바꿀 결의에 가득 차 있다.

마을 앞을 흐르는 남천을 이용, 마을 사람만의 힘으로 수력발전도 계획하고 있다. 마을의 살림이 차차 여유를 얻게 되자 홍 씨는 교통이 불편한 두메산골의 교육에 눈을 돌렸다. 사재 2천만 원을 문명재단에 바쳐 마을이 시작된 이래 처음인 문명 중고등학교를 창설했다. 도시학교의 시설을 능가하는 이 학교는 철저한 1인 1기 교육을 실시, 내일의 미더운 일꾼들을 길러내고 있다. '일은 이제부터인데 상 타기가 오히려 부끄럽다'고 수상소감을 말하는 홍 씨는 두 아들의 아버지. 홍 씨의 수상소식이 마을에 퍼지자 '구름문골'은 삽시간에 온통 축제의 기분에 들떴다.

경향신문, 대한일보 / 1968년 8월 11일

京郷新聞

西紀1968年8月11日 (日曜日)

5·16民族賞金 百萬원
洪씨, 郡民賞基金으로

洪永基씨가 상금 만원을 기탁하는장면

西紀1968年8月11日 (日曜日)

대한일보

5·16 "清道郡民賞을 제정"
洪永基씨 基金 1백만원기증으로

내용:

(경향신문): 금년 5·16 민족상 사회부문 장려상을 받은 홍영기 씨(문명중고등학교 이사장)는 상금으로 탄 금 100만 원을 지난 9일 하정만 군수에게 기탁, 청도군민상 제정기금으로 쓰게 했다.

내용:

(대한일보): 금년도 5·16 민족상 사회부문에서 장려상을 받은 바 있는 청도군 운문면 방음동 홍영기 씨는 부상으로 받은 현금 100만 원을 9일 청도군수에게 맡기고 5·16 청도 군민상 기금으로 써줄 것을 부탁했다. 이 기금은 청도군 농협에 예치되어 69년부터 ① 윤리 부문 ② 사회봉사 부문 ③ 선행공무원 부문 ④ 애향 부문으로 나눠서 각 5만 원씩 시상한다.

동아일보/ 1969년 6월 12일

1969~6月12日 木曜日 (陰曆 4月28日 무오) 【4】

慶北版

제14666호

東亞日報

청도郡民賞 첫돌

『五・一六民族賞』받은 洪永基씨가 마련

社會・産業・建設 부문서 各一명씩 表彰

洪永基씨

내용:

청도 군민상 첫 돌. 5·16 민족상을 수상한 청도군 운문면 방음동 홍영기 씨가 수상금 100만 원으로 '청도군민의 상'을 마련, 사회 산업, 건설 부문 등 3개 부문에서 수상자를 뽑아 지난 5일 제 1회 시상식을 가졌다. 홍 씨 는 작년도 5·16민족상 사회부문 장려상을 수상, 상금 100만 원을 청도군 에 기탁, 향토개발과 문화향상을 위해 공헌이 많고 군민의 귀감이 될 군 민에게 수상토록 했는데 그 결실이 맺어져 지난 5일 제 1회 69년도 '청도 군민의 상'(심사위원 하만정 군수) 사회 부문에 허도양 씨(청도군 풍각 면 안산동), 산업 부문에 박병욱 씨(청도읍 거연동), 건설 부문에 이성의 씨(각남면 옥산동)를 뽑아 표창하고 부상 5만 원씩을 시상했다. 홍 씨는 70년도에는 '청도군민의 상'기금을 200만 원으로 늘려 청도군을 위한 일 꾼이 될 젊은 수재들에게 배움의 길도 열어주고 외국에 유학까지 할 수 있는 '청도군민이 주는 장학 기금'제도를 만들겠다고 말하고 있다. 이밖 에도 홍 씨는 작년 9월 사재 350만 원을 들여 청도군 운문면 방음동에 내촌 저수지를 건설, 몽리 면적 250정보를 수리안전답으로 전환시켜 군 민들의 칭찬을 받았다.

중앙일보, 영남일보/ 1972년 3월 26일

내용:

(중앙일보): "새마을운동의 성과는 한 두달 내에 나오는 것이 아니다. 적어도 1년은 해야 첫 번째 성과가 나오는 것이니 어렵더라도 참고 견디면서 꾸준히 이 운동을 해나가야 한다." 박정희 대통령은 24일 하오 경북 청도군 운문면 방음동의 '새마을운동'의 현장을 돌아보면서 이렇게 말했다. "군대 생활에서 얻은 수범 정신이 새마을운동에 앞장서게 한 것 같습니다." 마을 사람들과 길 넓히기를 하다 박 대통령을 맞이한 이 마을 지도자 홍영기 씨는 '심지어 막걸리 대접까지 해가며 마을 사람들을 이 운동에 참여시켰다'고 시작 당시의 주민 설득 문제 등 어려웠던 일을 털어 놓았다. 새마을운동에 대한 박 대통령 관심의 초점은 주민의 소득증대와 어떻게 관련지어 나가느냐는 것. 과수원과 누에치기 등이 이 마을의 주 소득원이란 말을 들은 박 대통령은 "이 마을은 잠업, 과수원을 더욱 확대시키는 방향에서 운동을 해나가야 한다. 주민의 소득증대와 직결되는 사업이 진짜 새마을운동이다"라고 말하면서 "막연한 자조, 자립, 협동이 아니라 무엇에 대해 어떻게 하느냐는 방향 설정이 중요하다"라고 힘주어 말씀하셨다.

▶ 박 대통령: 이 마을이 앞으로 하고 싶은 일은 무엇인가?

▶ 홍 씨: 저 냇물 주변 황무지를 개간하고 싶습니다. 농토로도 쓸 수 있고 과수원도 될 것입니다.

▶ 박 대통령: 그러면 농협자금을 용자해 주겠다.

▶ 홍 씨: 고맙습니다. 그러나 그냥 도움을 받을 생각은 없습니다. 개간해서 소득이 나오면 돈을 갚겠습니다.

박 대통령은 고개를 끄덕이면서 "그런 정신이 바로 새마을정신"이라고 칭찬. "이 마을은 새마을운동이 잘 되어 있으니 농협 융자금에 대한 이자는 내가 물어주겠다"고 약속했다. 박 대통령은 홍 씨의 안내로 약 1시간에 걸쳐 마을 사람들이 사는 형편을 일일이 살펴보고 일하다 나온 마을사람들을 격려했다.

(영남일보): 박정희 대통령은 24일 오후 청도군 운문면 방음동과 영천군 금호면 관정 2동의 새마을 사업현황을 시찰했다. 방음동 새마을 지도자 홍영기 씨로부터 동리의 하천부지 8만 평의 개간비 2천 5백만 원이 필요하며 2년 후면 상환할 수 있다는 보고를 받고 박 대통령은 즉석에서 이를 수락. 농림부 장관에게 이자가 가장 싼 자금으로 융자해 주도록 하라고 지시하는 한편 2년 간의 이자는 박 대통령이 직접 부담하겠다고 약속했다. 박 대통령은 남녀노소 할 것 없이 열심히 일하는 모습을 감격스러운 표정으로 둘러 보고 동민들과 일일이 악수를 나누면서 '가을에 또 한 번 와보겠다.'고 약속까지 했다. 사재 350만 원을 들여 청도군 운문면 방음동에 내촌 저수지를 건설, 몽리 면적 250정보를 수리안전답으로 전환시켜 군민들의 칭찬을 받았다.

서울신문 / 1973년 6월 14일

내용:

"자갈밭을 전천후 옥토로"

청도군 운문면 방음동 새마을 농장. 산기슭 천혜의 샘터에서 양수기가 뿜어대는 시원한 물이 1100미터의 돌물길을 따라 32000평의 개간답을 흥건하게 적신다. 돌을 쌓아 다진 물길 위엔 '비닐'이 깔리고 이 비닐 위를 흐르는 물의 속력은 얼마일까? 시속 60킬로미터는 될 성 싶다. 1000평 이상으로 반듯하게 닦아놓은 이 처녀지에 첫 쟁기질을 하는 농부들의 입에서는 흥겨운 노랫가락이 흘러 나온다. 경북 청도군 운문면 방음동 '새마을 농장'에 풍년을 심는 농민들의 꿈은 짙고 푸르다. '난생 처음 내 논을 갖게 됐읍죠. 내 논 있으니 다섯 식구 입에 거미줄이야 치겠어요.'
얼마전까지도 산속을 전전하며 숯을 구워 끼니를 때워왔다는 손용수(65) 할아버지는 며칠 전 분배받은 1600평의 논에 모내기를 서두르며 자신의 손으로 지은 벼농사의 결실에 벌써부터 가슴을 부풀리고 있었다. 방음동 '새마을 농장'은 지난달까지만 해도 잡초와 돌자갈만 뒹굴던 황무지. 마을 지도자 홍영기 씨가 사재를 털어 개간, 논밭없는 농민들에게 무상으로 나눠준 것이다. 모두가 개간이 불가능하다고 말리던 이 황무지에 홍 씨가 삽질을 시작한 것은 지난 2월.

23가구에 무상 분배

4개월 동안 계속된 개간 작업에 동원된 인원만도 연 2만여 명. 긁어낸 돌은 헤아릴 수 없었다. '트럭'으로 퍼넣은 흙을 홍 씨는 36,000세제곱미터로 어림했다. 각고 4개월만인 지난 5월 말 1,700미터의 제방과 물길, 그리고 관배수 시설까지 끝낸 홍 씨는 이 처녀지를 '방음동 새마을 농장'이라고 이름지어 가난한 비농가 23가구에 약간의 조건을 붙여 나눠줬다. 조건은 수확 첫 해인 올해는 수확의 2할을 그리고 내년부터는 3할씩 받기로 한 것. 그러나 이 돈은 홍 씨가 개간에 쓴 돈 860만 원 중 농협에서 융자한 6백만 원을 갚고 또 마을 개발에 쓰기 위한 것이다. "우리나라 같은 척박한 땅에서 단위 생산고를 높이기란 거의 불가능합니다. 그러므로 농토를 만들어야 해요. 증산은 책상 위에서 하는게 아닙니다. 3천 만이 100평씩만 개간한다면 식량문제는 당장 해결됩니다"라고 했다.
지난 58년 제대비(예비역 소령) 60만원으로 마을 하천부지 2만 평을 개간, 이미 '개간왕'으로 알려진 홍 씨는 '새마을 농장'에 경운기와 분무기 그리고 자동탈곡기 등을 넣어 완전 기계화하고 모든 작업을 협동화하겠다고 했다.
'우리 마을엔 아직 68,000평의 자갈밭이 놀고 있어요. 돈이 달려 이걸 올해에는 개간 못했습니다만 내년부터 2개년 계획으로 해치우겠습니다.'
홍 씨는 나머지 자갈밭만 개간하면 방음동은 전국 굴지의 부촌이 될 수 있다면서 올해 '새마을 농장'에서 나올 나락을 450섬으로 어림했다. 방음동을 전국 제일 부촌으로 만들고야 말겠다는 홍 씨의 집념은 대단하고 구체적이었다.

영남일보 / 1973년 11월 23일

내용:

자조, 자립, 협동의 기치 아래 잘 사는 내 고장 내 조국을 건설하기 위한 새마을운동을 편지도 3년! 그 동안의 새마을 사업의 성과를 총 결산하고 앞으로 새마을의 앞날을 새로이 결의함과 아울러 유신 이념을 바탕으로 증진과 건설을 위해 국민적 대단결을 도모하고자 새마을 지도자 대회가 오늘 11월 22일 전남 광주실내체육관에서 박 대통령 각하가 참석한 가운데 개최되었다.

이날 대회는 전국에서 모인 새마을 지도자 2,514명을 포함한 유관 기관장, 새마을운동 유공자 등 4,200명이 모였는데 이 자리에서는 새마을의 실적을 평가함과 아울러 금일의 대풍작을 감사하고 유신이념을 실천하기 위한 국민적 대단결을 다시 한번 과시했다. 새마을운동은 바로 조국 근대화와 농촌 근대화의 지름길이라고 믿고 새마을의 의지를 사상화하고 생활화하면서 단결하여 실천을 통한 증거의 길로 전진을 거듭하고자 배우며 다짐하는 대회이다.

매일신문 / 1975년 7월 9일

매일신문 / 1975년 12월 25일

매일신문 / 1976년 1월 25일

1976年 1月 25日

매 일 신 문

본교 장학제도

1. 신 입 생 전 원
   ㉮입학금전면
   ㉯수업료는 4급지공립학교에 준함
2. 성적우수장학생
   ㉮수위합격자 3만원정의 장학금지급
   ㉯우수성적 입학허가자, 수업료전면또는 반면(본교장학규정에의거)
3. 품행모범 장학생
   ㉮본교소정 심의회 의결을처처 수업료전면 또는 반면
4. 극 빈 장 학 생
   ㉮본교 소정 심의회 의결을 거처 수업료 전면 또는 반면
5. 특 기 장 학 생
   ㉮특기인정즉시 수업료전면 또는 반면 (본교 장학규정에 의거)
6. 졸 업 생 특 혜
   ㉮우수성적으로 상급학교 (대학) 에 입학한자 10만원에서 40만원
   까지의 장학금지급 (본교 장학규정에 의거)
7. 기숙사실비제공및 통학버스운행
8. 기   타
   다수의 장학제도를 본교 장학규정에 의거실시함
   ※아름다운 田園學校 育英爲主 장학보장

1976학년도 신입생 모집 요강

76학년도 본교 제1학년 신입생을 다음과같이
모집함
1. 모집인원 … 120명 (남·녀)
2. 지원자격 … ㉮중학교졸업자 또는 예정자
   ㉯고교입학 검정고시 합격자
   ㉰법에의하여 위와동봉이상의 학력이 있다고
   인정된자
3. 제출서류 … ㉮입학원서, 체력검사표
4. 원서접수기간 … 1976년 1월29일~1976년 2월 5일 17시
5. 수 험 표 교 부 … 1976년 2월11일 13시
6. 전 형 기 간 … 1976년 2월12일~1976년 2월13일
7. 전 형 방 법 … ㉮필답고사 (공통출제)
   ㉯신체검사및 면접
8. 합 격 자 발 표 … 1976년 2월20일 12시
※기타 상세한것은 본교서무과에 문의바람
경북 청도군 운문면 대논동808번지

문명고등학교

전화
운문 25 15
5 번

278

내용 : 새마을 선진부락 경북 청도군 방음동

70년 4월 22일을 기점으로 점화된 새마을운동은 그동안 5천 년 해묵은 우리농촌을 자조할 줄 아는 농촌으로 자립하는 농촌으로 또 협동할 줄 아는 농촌으로 변모시켜 왔다.

누구나 협동 단결하면 잘 살 수 있다는 자신을 갖게 했고 마을의 환경 개선과 생산 기반 조성에도 많은 성과를 보았다.

여기에는 결코 새마을 지도자의 이야기를 빼놓을 수 없다. 지도자란 새마을운동을 시작하고 이끌어 나온 사람으로서 앞으로도 새마을운동을 지속화하고 또 범국민운동으로 발전, 승화시키는데 있어 없어서는 안 될 중요한 핵심적 존재가 되기 때문이다. 그래서 지도자는 남달리 헌신적이어야 하며 희생적이고, 또 마을의 밑거름이 되어야 했다.

경북 청도군 운문면 방음동의 새마을 지도자 홍영기 씨(52). 이미 14년 전부터 농협 운동, 재건 국민운동에 이어 새마을운동을 벌여 <옛날의 방음동>을 <새로운 방음동>으로 변모시켜 온 지도자 중의 지도자다.

방음동 주민들에게 <하면 된다>는 의욕을 심어 환경 개선을 마무리 지었고 돌이 뒹굴던 마을에 새로운 소득원인 과원(果園)을 조성했으며, 사재를 털어 3만 평의 황무지인 하천부지를 개간, 논밭이 없는 농민들에게 무상으로 나눠주고 소득증대를 꾀하고 있다.

이제 방음동은 외롭지 않다.

집집마다 조성해 놓은 사과밭과 1백 10만 원 이상의 수익을 올리고 있으며 갖가지 문화시설로 시골 속의 도시생활을 하고 있기 때문이다.

때문에 마을을 찾았던 방문객이나 찾는 사람이 있으면 새마을 지도자 홍 씨의 얘기를 꼭 들려주고 싶다는 것이 주민들의 공통된 의견인지도 모른다.

<화보> 새마을운동 시작 후 이루어진 사업들

▲ 방음동 표시판, 블럭 공장, 새마을공원, 새마을이 완성된 방음동 전경

▼ 소득120만원 TV안테나

▲ 꽃길의 중앙로, 방음 제2교, 대우회로 방음 제3교, 농로

▼ 복개중앙로

▲ 동민과의 인사 , 농민회관에서 설명하는 광경, 방음동을 떠나며, 대통령 영접 광경

▼ 산업사찰 나온 대통령과 홍영기 이사장

▲ 농민회관, 구판장, 도정공장, 양로주택 할머니

▼ 농창고

▲ 사과 단지, 감나무 단지, 밤나무 단지, 포도 단지

▼ 엽연초 단지, 수세미 단지

살고파 마을을 이끈 새마을 지도자 홍영기 편

경북에서 자란 위인 홍영기

근면·자조·협동의 정신아래 낙후된 농촌을 근대화시킨다는 취지로 1970년대부터 시작된 새마을운동은 대한민국 발전을 이끌어온 원동력으로 우리 국민에게 '잘 살아보자'는 의지와 자신감을 심어줬고, 눈부신 경제성장을 이루는 밑거름이 됐다.

'인류의 공존과 번영을 위한 아름다운 동행'이라는 슬로건으로 추진하고 있는 경상북도의 새마을운동 세계화가 지구촌 곳곳을 누비고 있다. 경상북도는 2010년부터 국외에 새마을운동 시범마을 조성사업을 해왔다. 단순히 개발도상국 국가에 영농기술 전파와 환경개선 방법을 알려주는 것이 아니라 새마을운동의 정신을 통해 스스로 마을 환경을 개선할 수 있도록 하는 것이다.

경상북도의 새마을 세계화는 철저히 현지 주민을 중심으로 이뤄지고 있어 개발도상국의 주민 의식 개선과 자립 역량 강화를 위한 글로벌 표준이 돼 지구촌의 빈곤퇴치 모델로 주목받고 있다. 지금까지 경상북도는 9개국 27개의 해외 시범마을을 조성했으며 개도국 정상들과 국제기구의 새마을운동 전수 요청으로 올해 11개국 30개 마을로 확대할 예정이다.

'홍영기' 새마을운동에 활력을 불어 넣다

1923년 경상북도 청도군 운문면 방음리에서 태어난 홍영기는 광복 이후, 건국청년단을 조직하고 청도에서 교사생활을 한다. 1950년 6·25 전쟁이 일어나자 학생들과 함께 자원, 공병 소위가 됐고, 1960년 소령으로 제대해 고향으로 돌아왔다. 전쟁은 그의 고향을 참담하게 바꾸어 놓았다. 홍영기가 자라온 방음동은 인근 마을 중 가장 풍요로운 땅이었다. 그러나 마을의 중심을 이루었던 솥 공장이 문을 닫으면서 가난이 시작되고 전쟁은 마을 사람들의 희망까지도 앗아가 버렸다. 홍영기는 군에서 재건 사업에 참여했던 경험으로 국민 재건 운동 지도자를 자처하며 새 농촌 운동을 시작한다. 먼저, 내버려진 2만여 평의 무적천 주변 자갈밭을 밤낮으로 일구고, 외양간을 치우고 흙거름을 만졌다. 그는 어느새 늠름한 군인에서 평범한 농부로 변해 있었다.

'쇠똥 소령'이라는 별칭도 얻었다. 1968년 5월 그는 영농의 근대화와 교육기관 설립 등 지역 사회 발전에 공헌한 점을 인정받아 5·16 민족상을 수상했다. 부상으로 상금 백만 원을 받았다. 그도 넉넉한 살림은 아니었지만 주저없이 상금을 모두 마을 가꾸는데 사용했다. 그의 노력을 지켜본 주민들은 하나 둘씩 함께 마을을 재건하는데 동참하기 시작했다. 1970년 박정희 대통령이 새마을운동을 시작하자, 홍영기는 마을 이름을 '살고파마을'로 바꾸고 새마을운동 선진지로서 마을 개선에 더욱 박차를 가한다. 이미 새마을 가꾸기 사업을 진행하고 있었지만 홍영기의 말 한마디에 마을 사람들은 새마을운동에 적극적으로 참여했다. 농가 소득이 늘어나자 공동 기와공장을 열어 지붕을 개량하고, 담장 쌓기, 마을 진입로 확장 등 다양한 협동사업을 펼쳤다.

가난하던 첩첩산중의 마을은 점점 살기 좋은 마을로 변화했다. 살고파 마을의 잘살기 바이러스는 인근 마을과 마을을 넘고, 경상북도를 건너 전국으로 퍼져 나갔다. 1972년 3월 24일 '쇠똥소령'의 소식을 전해들은 박정희 대통령은 방음리를 방문해 격려를 아끼지 않았다. 그는 마을 재건뿐 아니라 교육발전에도 힘썼다. 학교법인 문명교육재단을 설

립해 초대 이사장으로 취임한 후, 청도 운문면에 중학교 6학급과 고등학교 3학급을 설립·인가 받아 인재를 양성했다. 특히 운문댐 건설에 따른 수몰로 청도에서 경산으로 1993년 학교를 이전하게 되자, 교육부 지원 없이 50억 원 공사를 추진했으며, 등록금이 없어서 공부하기 어려운 학생들을 위해 자신의 월급봉투를 수차례 내놓기도 했다. 1979년에는 45대의 버스로 운수사업을 시작해 이듬해 경산버스 이사장으로 취임했다. 경산버스는 오늘날 142대의 시내·외 버스로 경산~대구 등 청도, 경주, 울산, 밀양 등을 오가면서 지역민들에게 교통 편의를 제공하고 있다.

홍영기는 선구자적 새마을운동 전개로 '인간 상록수'라 불렸으며, 은성화랑 무공훈장과 대한민국 국민훈장, 사학육성 봉황장 등 다양한 훈장을 받았다. 묘소는 경상북도 청도군 방음리에 있다.

「프라이드 경북」 여름호 2016. 8. 25

산골마을 '쇠똥 소령' 가난한 농촌 '살고파 마을'로 바꾸다

▲ 칠곡국민학교 교사 시절. 홍영기(앞줄 왼쪽에서 첫째 의자에 앉은 이)는 당시 학생들과 두 세살 밖에 나이 차이가 나지 않았다(위).

▲ 6·25 전쟁이 터지자 학생들과 자진 입대했다. 공병 사관생도 시절(앞줄 세 번째)의 홍영기(아래).

1970년 고 박정희 대통령이 새마을운동의 시작을 선포하기 전부터 청도군 운문면 방음동 고향마을을 잘사는 마을로 만들기 위해 헌신했던 운은(雲隱) 홍영기(洪永基) 선생은 새마을지도자 DNA를 타고난 인물이라 할 수 있다.

방음동을 비롯한 운문면 일대는 옛날부터 한지와 삼베, 조선 솥의 명산지로 지역민들은 살림살이가 비교적 부유한 편이었다. 특히 조선 솥은 전국적인 명산지로 이곳 주민들이 넉넉하게 살 수 있는 부의 원천이 됐다.

그러나 일제강점기를 지나면서 새로운 현대적 제품에 밀려 이들 특산품 생산의 명맥이 끊어지면서 농토가 부족했던 이 지역은 가난에 찌든 황폐한 농촌이 될 수밖에 없었다. 이같은 고향 마을의 몰락에 마음 아파했던 그는 소년 시절부터 잘사는 마을로 만들고야 말겠다는 결심을 품었고 이를 실현하기 위해 평생을 바쳤다.

◆ '쇠똥 소령'의 이상향 만들기

홍영기는 1960년 군에서 소령으로 예편, 귀향하면서 바로 고향마을 이상향 만들기에 뛰어들었다. 그의 이같은 결심과 노력은 처음 냇가 자갈밭을 개간해 옥토를 만들어 '쇠똥 소령'이란 별명을 얻었다.

그의 성공은 동민들의 본보기가 됐다. 빈곤한 동네 학생들에게 학용품을 사주고 춘궁기 양식이 떨어진 농민에게 무이자 장기 벼를 분배했다. 동민들의 신뢰를 얻은 그는 자신이 가진 새로운 마을의 청사진을 설명하고 이를 실현하기 위한 전폭적 협조와 동의를 얻어냈다.

그 결과 25평 규모의 현대식 농민회관을 짓고 동네 이발관, 공동 구판장, 공동 목욕탕, 공동 농기구창고, 기계화 도정공장, 양어장, 가마니 공장 등을 짓는 등 많은 결실을 거뒀다. 현금부담은 그 자신이 하고 노력은 동민들이 맡는 조건으로 1960년부터 8년간 이룩한 이같은 성과는 이 마을농가 소득의 급격한 증대를 가져왔다.

청도 운문면 자갈밭 옥토 개간
보릿고개 농민에 양식 무상배분
마을개선 전폭적 협조·동의얻어
‘5·16민족상’ 수상 전국적 명성도

홍영기는 고향마을을 잘살게 하기 위해선 마을환경을 정비하고 소득을 높이는 노력이 필요하지만, 마을의 미래를 위해선 인재를 기르고 시골에서도 교육을 받을 수 있는 육영사업이 절실하다고 생각했다. 이 때문에 구한말 선대의 개화 구국운동으로 1908년 설립했던 이 지역의 문명학교를 재건하기로 마음먹었다. 제대하던 이듬해에 이미 이 학교 이사들의 추천으로 재단 이사장이 되었으나 이를 중등학교로 만들기 위해 1966년 이 학교를 재단법인에서 학교법인으로 변경하고 설립인가를 신청했다.

그러나 문교부 설립인가가 나지 않았다. 문교부의 거듭된 거부에 그는 장관 앞에서 비장한 각오로 혈서를 써가며 이를 관철했다. 지역의 어린 인재들이 이 학교에서 공부할 수 있게 했고 나라를 발전시킨 훌륭한 인재들을 배출하기에 이르렀다.

◆ '5·16민족상' 수상과 새마을운동

'쇠똥 소령'이 이룬 산골 마을의 기적이 청와대에까지 알려져 1968
년, '5·16' 7주년에 '5·16민족상'을 수상하게 됐다. 이 상은 1969년 정부
가 새마을운동을 정책 명으로 지정하기 전에 시상된 것이고 그 내용이
새마을사업과 정신을 기리는 것임을 볼 때 당시 정부는 새마을운동이
란 용어를 쓰지 않았지만 그를 이미 새마을운동 지도자로 공인했던 것
이다.

그러나 1969년 청도군은 각북면의 한 마을을 당시 처음으로 '새마을
운동', '새마을사업' 시범부락으로 지정하고 지역의 이동 단위농협 조합
장들을 모아 참관시킨 후 각자 동리에서도 이를 전개하라고 당부했다.

이 마을을 참관하고 돌아가는 그의 마음에는 새마을사업이 자신이 지
난 8년간 해온 '새마을 만들기 작업'과 특별히 다를 게 없다는 것을 느꼈

다. 오히려 이미 실행된 사업에서
는 다른 마을이 부러워할 만큼 성
과를 거두고 있다고 생각했다.

다만 개개인의 이해득실에 얽
혀 자신이 '농촌운동 청사진'에 담
았던 사업 가운데 실현하지 못했
던 어린이 놀이터, 골목길 넓히기,
담장 개량, 초가집 없애기, 교량 가
설, 하천제방 공사, 농로 개발 등이

빠져 있었던 것뿐이었다.

◆'살고파마을'의 성공과 방음동 새마을동산

이날 새마을운동 참관을 계기로 그는 다시 분발해 자신의 마을을 5·16민족상 패에 새겨진 '살고파 마을'로 개명하고 실현치 못한 청사진에 담긴 사업을 추진하기 위해 동민들의 동의를 받았다.

그날 이 마을은 큰 돼지를 잡고 막걸리를 마시며 동민 잔치를 벌여 결의를 다졌다. 이후 시골에서는 보기 어려운 넓이 5미터의 넓은 마을 안길, 화려한 꽃동네와 같은 슬레이트 지붕 개량, 교량 건설, 전깃불 켜기 사업, 동리 도정공장 건설, 견고한 하천제방, 200미터의 콘크리트 복개 수로, 판에 박은 듯한 블록 담벼락, 집집마다 설치된 철대문 등 마을과 동네 환경은 천지개벽을 한 것처럼 달라졌다.

그 과정에서 벌인 도정공장 건설은 그의 부친이 운영하던 물레방앗간 정미소의 몰락을 가져왔다. 이는 두고두고 부친에 대한 불효라는 생각으로 가슴에 새겨져 그를 괴롭혔다.

살고파 마을은 성공한 새마을로 전국에 이름이 퍼졌고 전국의 새마을 지도자들이 줄을 이어 견학을 왔다. 드디어 1972년 3월 24일 박정희 대통령이 이 마을을 시찰하게 됐다.

그를 만난 박 대통령은 "쇠똥 소령 이야기는 서울에서도 들었다"며 새마을운동의 정신과 철학, 사업내용의 구체적인 부분까지 장시간 대화를 나눴다. 그날 박 대통령은 그의 건의를 받아들여 마을 주변 2만 평의 하천부지를 개간할 수 있도록 당시로서는 거금인 2,500만 원의 자금을 무이자로 빌려주는 선물을 했다.

이 돈으로 농토가 부족했던 이 마을은 넓은 농토를 가진 부촌이 됐다. 이같은 그의 투철한 새마을 철학과 지도자적 자질은 새마을운동의 전국화 교육을 담당했던 새마을지도자연수원 김준 원장과 함께 초기에 새마을운동 강사를 맡는 계기가 됐다.

그러나 그가 일생을 바쳤던 운문면 새마을 사업의 모든 업적은 1996년 이 지역 일대가 운문댐 준공으로 수몰되면서 안타깝게도 사라지고 말았다.

그는 이곳의 새마을사업을 기억하기 위해 동네 서쪽 까치산 자락에 자비로 방음동 새마을 동산을 조성했고 당시의 사업들을 자료와 사진으로 전시했다. 이 동산에 박정희 대통령이 다녀간 기록과 그가 심어 노목이 된 목련 '대통령 나무'가 남아 있다. 동산이 준공된 2001년 박근혜 전 대통령이 국회의원 시절 이 곳을 방문했다. 지금은 비록 운문면 새마을 사업은 사라졌지만, 그 사업의 정신은 널리 퍼져 온 나라에 스며 있다.

박정희 전 대통령 하천개간 지원
새마을운동 전국화 교육 담당 계기
운문댐 준공으로 살고파 마을 수몰
방음동 새마을 동산 조성 기록 남겨

◆ 끝없는 고향 사랑

그가 태어난 해는 3·1 독립운동 후 4년째 되던 1923년이었고 작고한 해는 G20 정상회의를 성공적으로 개최하고 OECD 국가 중 최고의 경제 성장률을 기록한 국운 융성의 2011년이었다.

294

 그의 일생은 국가적으로 가장 어려웠던 시기에서 가장 잘 사는 시기까지 걸쳐 있으나 청년기부터 장년기까지 새마을사업에 헌신한 기간 이외에도 고향 사랑의 일은 지속했다.

 그는 고향의 사립 문명학교에 입학해 자인 공립보통학교를 졸업한 뒤 대구 교남학교에서 학업을 마친 다음 동경 흥아전문학교 문과 1년을 수료하고 만주의 영목조선소에 취업해 사회의 첫발을 내디뎠다.

 일제의 강제징병을 피하기 위한 방편의 취업이었으나 2년 뒤 일제가 패망하자 고향에 돌아와 건국청년단을 조직하고 해방된 조국 땅 고향에서 무언가 큰일을 하려는 생각으로 당시 친일 앞잡이 색출에 나서기도 했다.

 그러던 중 교사 부족으로 교육계에 어려움이 가중되면서 이서면 칠곡국민학교 교사로 부임해 두 세살 밖에 나이 차이가 나지 않는 학생들의 교육에 전념했다.

 칠곡 국교 재임 3년 만에 이서고등공민학교(현 이서중·고등학교 전신) 창설교사로 선임돼 이서 국교 별관 채를 임시 교사로 빌려 첫 입학생을 모집했다. 현 이서중·고교 자리의 부지를 매입해 목조교실 3칸을 세우고 이 학교를 정식인가 중학교로 승격시키기 위해 노력하던 중 6·25전쟁이 발발해 그의 노력은 물거품이 됐다.

 그는 나이든 학생들과 함께 자진 입대했다. 사병으로 입대한 그는 사회에서 학력과 경력 때문에 장교로 복무하게 됐고 휴전협정 막바지에 격전을 벌였던 동해안 최북단 고성지구 전투에서 지휘장교로 공을 세워 은성화랑 무공훈장을 받았다. 그는 휴전과 함께 제대하고 귀향을 결심했지만 공병 장교로서 군 복무 중인데도 부대장의 허락을 얻어 대구-울산 간 도로의 미개통구간인 대천-용성간 도로를 준공하는 애향심을 보

▲ 살고파 마을은 성공한 새마을로 전국에 이름을 떨쳤고 전국에서 견학을 왔다. 1972년 3월 박정희 대통령이 이 마을을 시찰했다. 홍영기(중앙 왼쪽 점퍼 차림)가 박정희 전 대통령(중앙)에게 마을 현황을 설명하고 있다.

▲ 홍영기가 몸을 바쳤던 운문면의 새마을사업은 1996년 운문댐 준공으로 모두 물속에 잠겼다. 그는 운문면 까치산 자락에 자비로 방음동 새마을 동산을 조성했다. 2001년 박근혜 전 대통령이 국회의원 신분으로 이 곳을 방문했다.

이기도 했다.

그는 새마을사업을 하던 시기에도 지역의 발전과 복지를 위해 많은 봉사를 했다. 운문사를 정화사업을 통해 전국적인 대사찰의 명성을 되찾게했고 5·16민족상 부상으로 받은 100만 원으로 청도군민상을 제정했다.

운문의 숨은 비경 삼계리를 명승지로 가꾸었고 면민 축제인 문명제전을 만들어 면민들의 사기를 높였다. 지인 1인당 1만 원씩의 기부를 통해 운은장학회를 설립했다. 이같은 애향 사업이 결실을 맺었지만 호사다마라 했던가 뒤에서 비판하고 시기하는 사람들 때문에 고통을 겪기도 했다.

그는 많은 훈장과 표창을 받았다. 1970년 대한민국국민훈장, 1998년 대한민국국가유공훈장, 2000년에 대통령감사장과 사학육성공로 봉황장을 받았다.

그는 새마을사업을 하면서 정치에 꿈을 가지고 1973년 제9대 국회의원선거에 무소속으로 출마해 낙선의 고배를 마셨다.

평소 농촌의 교통난을 안타까워했던 나머지 버스 여객사업에 관심을 갖고 1977년에는 삼천리 버스 주식회사 사장에 취임했다. 1980년에는 경산버스주식회사 이사회장을 맡기도 했다. 경산 버스는 오늘날 142대의 시내·외 버스로 경산~대구~청도~경주~울산~밀양 등을 오가면서 지역민들의 손발 역할을 하고 있다.

그가 젊었을 때부터 선대의 유지로 심혈을 기울였던 문명 중 고등학교는 운문댐 수몰 후 경산으로 옮겨 세워졌고 그의 사후 둘째 아들 택정 씨가 운영하고 있다. 부인 이을선씨와의 사이에 장남 택권씨 등 2남을 두었다. 그의 묘소는 운문면 방음동 선영에 있다. '삼계리 명승고적지', '내 고향 운문을 용궁에 바치고' 등 저서가 있다.

<연설문> 지방장관회의(한해 대책회의) 유시

연설일자: 1970. 04. 22
대통령: 박정희
연설장소 :국내 유형 기념사
출처: 박정희대통령연설문집 제7집 4월편 / 대통령비서실원문보기

시장, 도시사, 그리고 농촌 행정의 일선 책임자 여러분!

이제껏 우리는 한해 대책이라 하면 수도작에 대한 대책만을 생각하는 경향이 있었고, 농민이나 공무원들도 대부분 한해란 비가 와야지 비가 오지 않으면 사람의 인력으로는 도리가 없다는 숙명론적인 관념을 갖고 농사를 지어 왔기 때문에, 이를 극복하지 못한 폐단이 있었으므로 금년에는 정부가 서둘러서 여러 가지 대책을 세우게 되었읍니다.

지난 몇 해 동안 정부와 농민들이 비가 오지 않더라도 우리 사람의 힘으로써 한발을 극복해 보려는 노력으로 지하수 개발 등 여러 가지 한해 대책에 힘을 기울였고 상당한 성과도 올렸읍니다.
금년에도 한발로 인한 맥작 피해가 많을 것 같았는데, 다행히도 경기도와 강원도 일부 지역을 제외하고는 비가 와서 우선 해갈

은 됐읍니다.

그러나, 앞으로도 계속 날씨가 가물지 어떨지는 알 수 없고 수도작에 대해서도 기상의 장기 전망이 금년에 한발이 올 가능성이 많다는 얘기도 있느니만큼, 미리미리 충분한 대책을 세워가지고 67, 68년과 같은 한발이 오더라도 그 피해를 최소한으로 막도록 노력해야겠읍니다.

<중략>

정부가 금년 예산에서 특별 교부금으로 한 30억원을 각 도에다 나누어주었는데, 내년쯤 가면 특별 교부금도 더 많아질 겁니다. 도지사는 그 중에서 몇 천만원 정도는 그런 사업에 쓸 수 있도록 하되, 그 대신 심사를 철저히 해 가지고 가장 의욕적이고 가장 효과가 큰 좋은 것 몇 개만 골라서 지원 육성하고, 한 일년 후에 가서 다시 심사를 해서 그 중에서 가장 성공적으로 잘한 부락에는 도지사가 상금을 한 100만원씩 주는 방법도 좋겠읍니다. 그러면, 그 부락은 그 돈을 가지고 또 다른 사업을 해 나가도록 해서 이런 부락을 점차 늘려가는 운동을 우리가 앞으로 추진해 볼 필요가 있지 않느냐 생각합니다.

그 운동을 『새마을 가꾸기 운동』이라고 해도 좋고 『알뜰한 마을 만들기』라고 해도 좋을 것입니다.

<중략>

　모범적인 부락도 여러 군데 있는데 특히 경산, 청도 같은 데를 한 번 보십시오. 그리고 천안, 대전 부근에 있는 뻘건 농촌하고 비교를 해 보십시오. 같은 농촌인데 왜 이렇게 달라지겠습니까.

<후략>

▲ '월급 없는 홍면장'

　모친께서 생전의 아버님께 붙이신 별명이다. 평생을 어머님 기준으로는 전혀 쓸데없는 일에 전력하신 아버님을 두고, 생각 끝에 붙이신 회심의 걸작인 닉네임이다. 6.25 입대와 더불어 1960년 전역 후부터 아무 소득도 없는 농촌 계몽운동과
학교설립, 새마을 사업 등으로 하루 온전한 날이 없었다. 밤낮없이 들고나는 수많은 방문객의 수발을 드시느라, 힘든 세월을 보내셨다. 철들어 잠깐 옆에서 지켜본 자식으로서 어머님의 내조는 아버님이 일에 몰두하실 수 있는 원동력이었다.

-홍택정(문명중·고등학교 이사장), 월급없는 홍면장 중에서

다양한 새마을 사업들

▲ 농로의 확장(위)

◀ 방음동 완공된 개간지와 제방(오른쪽)

▲ 산림녹화운동

▶ 새마을농장(아래)

◀ 수몰전 문명중고등학교 교사 신축공사
(위), 자갈밭을 옥토로(완공된 방음동 개간
지를 가리키며, 아래)

새로운 마을로 거듭나기 프로젝트 '마을 안길 넓히기'

◀ 마을안길 못줄 치고 부
쉬버린 청도 방음동

◀ 마을안길 확장 및 하천정비
(오른쪽)

◀ 마을안길(중앙로)확장(왼쪽)

◀ 마을안길 넓히기

▶ 시멘트 블록담장 공사
와 마을 안 길 넓히기
운동

▶ 흙담에서 시멘트블
록담으로 교체

새마을의 선진지 방음동 시찰단 방문

▲ 구자춘 경북도지사 방음동 내방(1) (위)
◀ 구자춘 경북도지사 방음동 내방(2) (아래)

▲ 농민회관 앞에서 새마을 시찰단 방문

▲ 새마을 시찰단에게 마을 안길의 구조를 설명

▲ 새마을운동 시찰단 방음동 방문

▲ 공동 농창고(십리 길을 지고 와야할 비료를
동네 창고에 쌓아 놓고 즐거워하는 모습)

◀ 농창고와 구판장

▲ 동네에서 직접 벼를 수매하는 과정(십리 밖의 면소재지까지 운반하던 힘든 일을
　농창고가 생김으로써 덜게 되었다.)

에필로그

홍택정(문명 중·고등학교 이사장)

발상지 논란

심훈이 쓴 상록수는 실제 인물 최용신을 모델로 한 농촌 계몽 소설이다. 1870년대에 일어난 브나로드 운동을 사상적 기반으로, 일제에 침략당한 우리 농촌의 참상을 보여주고 농촌계몽 운동에 헌신하는 양심적 지식인의 모습을 감동적으로 그린 작품이다. 최용신과 같은 농촌계몽 운동가는 역사 이래 꾸준히 있어 왔다.

국민재건 운동이나 4H 운동 역시 계몽적 성격이 강한 사회 계몽적 성격의 운동이다. 그러다 노심초사 농촌의 가난 탈피를 염두에 두고 있었던 박정희 대통령이 1968년 전후로 생활의 합리화, 영농의 근대화, 농가 수익 증대란 3가지 목표를 설정하고, 이 목표 달성을 위한 구체적 실천 방법으로 근면, 자조, 협동을 강조하며 '새마을운동'이 창조된 것이다. 이러한 생활의 합리화, 영농의 근대화, 농어촌 소득증대라는 3가지 목표는 선친의 5·16민족상

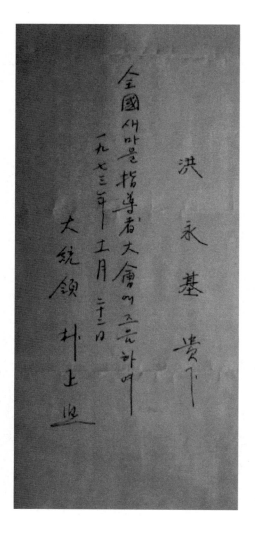

상패에 기록되어 있다.

그리고 당시 5·16민족상사무국 사무국장이었던 이명춘 국장이 선친께 보낸 서신 내용 중,

"그곳의 전반적인 상황도 이사장님께 보고를 드렸습니다."

"이사장님께서 홍 선생의 사업에 큰 관심을 가지고 계시기 때문에 앞으로 좋은 소식이 올 것을 확신합니다."

"우리는 앞으로 좀 더 힘을 모아 최선의 노력을 함으로써 더욱 훌륭한 보람을 이룩할 수 있음을 다짐하고 이만 줄입니다"라고 1968년 8월 27일의 서신에서 밝힌 바 있다.

5·16민족상 이사장은 곧 박정희 대통령이다. 수상자 홍영기

의 공적 심사를 직접 한 박 대통령의 뇌리에 쇠똥 소령 홍영기의 농촌 계몽운동에 '큰 관심'을 갖고 있다는 사실을 증명하고 있다. 1973년 11월 22일 전국 새마을 지도자 대회에 즈음하여 박 대통령이 유독 선친께 서신을 보낸 이유는 무엇일까?

새마을운동의 발상자(창시자)는 박정희 대통령이고, 발상지는 존재하지 않는다. 농촌계몽 운동이 이루어져 온 여러 곳이 있다. 김용기 장로의 가나안 농군학교와 김준 교수의 독농가 연수원도 새마을운동과 일맥상통하지만, 발상지 주장은 하지 않듯이 발상지는 존재할 수 없다. 농촌계몽 운동이 일어난 지역을 발상지라 한다는 것은 억지 논리에 불과하다. 선친 쇠똥 소령께서도 새마을운동의 발상지는 박 대통령의 마음속이라고 말씀하셨다.

최근 본교의 역사관 개관 소식을 전달한 전직 부지사께서 "홍영기 선생님은 새마을운동에 불을 붙인 영웅이자 기수라고 생각합니다. 후손들에게 널리 전수되길 바랍니다"라는 회신을 주셨다.

대통령과 쇠똥소령

지 은 이 ｜ 홍택정 외
만 든 이 ｜ 최수경
만 든 곳 ｜ 글마당 앤 아이디얼북스

(출판등록 제2008-000048호)

초   판 ｜ 2021년 11월 20일
개정증보판 ｜ 2022년 07월 01일
주   소 ｜ 서울시 종로구 인사동 5길 42(6층)

전   화 ｜ 02. 786.4284
팩   스 ｜ 02. 6280. 9003
홈페이지 ｜ www.idealbooks.kr
이 메 일 ｜ gul@idealbooks.kr

ISBN 979-11-978822-1-0(03300)

책값 15,000원